Thomas Steffens – Martin Grüning

RUNNER'S WORLD
LAUFEN.
DAS EINSTEIGERBUCH

ROWOHLT TASCHENBUCH VERLAG

ORIGINALAUSGABE

Veröffentlicht im Rowohlt Taschenbuch Verlag
GmbH, Reinbek bei Hamburg, Mai 2003
Copyright © 2003 by Rowohlt Taschenbuch
Verlag GmbH, Reinbek bei Hamburg
Redaktion Julia Vorrath / Lutz Lenz
Umschlaggestaltung any.way, Birte Holländer
(Foto: Polar)
Satz Trinité und Gill Sans (QuarkXPress 4.11)
Gesamtherstellung Clausen & Bosse, Leck
Printed in Germany
ISBN 3 499 61030 2

Die Schreibweise entspricht den Regeln
der neuen Rechtschreibung.

INHALT

VORWORT

Herzlichen Glückwunsch! Zu Ihrer Entscheidung, es mit dem Laufen zu probieren, können wir Sie nur beglückwünschen. Was auch immer Sie erreichen möchten, wenn Sie ab und zu oder gar regelmäßig laufen: Setzen Sie Ihren Erwartungen einen realistischen Rahmen. In diesem Buch zeigen wir Ihnen, wie dies funktioniert.

Zunächst einmal gilt es Sie zu ermuntern und zu bestärken in dem Entschluss, Ihrem Leben eine neue Wende zu geben. In dieser Laufrichtung erhalten Sie von uns zahlreiche Tipps und Ratschläge. Nicht nur sind wir selbst seit vielen Jahren im Laufschritt unterwegs. Als Redakteure des größten deutschsprachigen Laufmagazins wissen wir außerdem, wo unsere Leserinnen und Leser der Schuh drückt, welche Interessen und Probleme sie beschäftigen und vor allem, welchen Ambitionen mit welchen Ratschlägen zu begegnen ist. Zunächst einige grundsätzliche Anmerkungen: Wenn Sie etwas für Ihre Gesundheit tun und dabei auch noch fit werden wollen, erreichen Sie dies am einfachsten und schnellsten durch Laufen. Die allgemeine Kondition verbessert sich schon nach den ersten Laufversuchen, der Ruhepuls sinkt, die Belastbarkeit steigt. Weitere positive Auswirkungen von Ausdauertraining: Sie schlafen tiefer und fühlen sich den Tag hindurch viel dynamischer.

Wir helfen Ihnen bei der Umsetzung Ihres Entschlusses, von jetzt an gezielt etwas für Fitness und Wohlbefinden zu tun, und begleiten Sie mit diesen Anleitungen bei Ihren ersten Laufschritten.

Am besten laufen Sie abseits viel begangener Spazierwege. Zumeist treffen Sie schon wenige hundert Meter vom Waldparkplatz entfernt nur noch wenige Menschen an. Wenn Sie lieber in Begleitung laufen, hat dies den Vorteil, dass Sie sich beim Laufen wunderbar unterhalten können und somit weniger leicht verkrampfen. Denn die wichtigste Regel, übrigens nicht nur für Anfänger, lautet: Sie sollten sich während des Laufens unterhalten können. So können Sie auf einfachste Weise kontrollieren, dass das Tempo nicht zu hoch ist. Zudem erleichtert eine Verabredung zum Laufen, den Entschluss auch wirklich in die Tat umzusetzen.

Mit dem Lauftraining gewöhnen Sie Ihren Körper an zunächst ungewohnte Bewegungs- und Belastungsmuster. Es «strengt an», und genau hier setzt der Trainingseffekt ein. Am nächsten Tag spüren Sie vielleicht Muskelkater in den Oberschenkeln oder Waden. Sehen Sie dies als positives Echo auf die (noch ungewohnte) Belastung und als Beweis für Ihre besser werdende Fitness. Ihr Körper erholt sich in den lauffreien Tagen, und schon bald gewöhnen Sie sich an die Anstrengung und können sich an eine etwas höhere Belastungsstufe heranwagen. Wenn Sie allerdings zu schnell laufen und Ihrem Körper zu wenig Zeit zur Erholung geben, tritt der gegenteilige Effekt ein, und Sie entwickeln sich in Ihrer Leistungsfähigkeit nicht weiter.

Die Erfolgserlebnisse mit dem eigenen Körper machen das Laufen zu einer Lifetime-Sportart, einer Bewegungsform, die Sie ein Leben lang ausüben können. Betrachten Sie Ihre Läufe als lockeres Herumstreifen, als eine Art Intensiv-Spaziergang.

Martin Grüning,
Thomas Steffens

Die **BESTEN LAUFTIPPS** *für Anfänger*

Es gibt viele Gründe, die für regelmäßiges Laufen sprechen: Es ist ein optimales Herz-Kreislauf-Training, Sie können damit Ihr Gewicht kontrollieren, und es funktioniert hervorragend zum Stressabbau, um nur drei wichtige Vorteile anzuführen.

Wir möchten Sie zu einem sanften Start ins Laufen motivieren. Die folgenden Tipps erleichtern Ihnen den Einstieg.

1. Langsam beginnen

Beginnen Sie immer in ganz langsamem Tempo, und laufen Sie erst nach etwa zehn Minuten etwas schneller, wenn sich die Muskulatur erwärmt hat. Wer kalt durchstartet, riskiert Verletzungen, der Bewegungsablauf wird unökonomisch und somit auch die Energiebereitstellung. Folge: Sie sind schon nach kurzer Zeit erschöpfter, als Sie es sich wünschen. Lockere Dauerläufe, bei denen man im «Wohlfühltempo» dahintrabt und die Landschaft genießt, sollten in einem sinnvollen Lauftraining etwa 70 % des Gesamtumfangs (pro Woche bzw. pro Monat) ausmachen. Beginnen Sie das Lauftraining am besten mit einigen Gehminuten, bevor Sie in den Laufschritt fallen. Auch generell gilt: Erst gehen, dann laufen.

Wenn Sie ein absoluter Laufanfänger oder körperlich eingeschränkt sind (zum Beispiel durch Übergewicht), sollten Sie nicht direkt mit einem reinen Laufprogramm anfangen. Beginnen Sie zunächst mit leichtem Walking, und steigen Sie dann auf ein

Training um, das aus abwechselndem Gehen und Laufen besteht. Schließlich beginnen Sie nach einigen Wochen mit dem richtigen Lauftraining (siehe Trainingsplan für absolute Anfänger S. 107).

2. Das optimale Tempo

Eine der wichtigsten Regeln für Laufanfänger lautet: Sie haben das optimale Lauftempo gefunden, wenn Sie sich problemlos unterhalten können (bzw. könnten, wenn Sie alleine laufen) und nicht vor lauter Luftschnappen Ihre Sätze kaum zu Ende bekommen. Diese Faustregel gilt auch im Zeitalter von Pulsmessgeräten. Solche Geräte empfehlen sich außerdem in erster Linie für fortgeschrittene Läufer. Sie helfen bei der Intensitätsbestimmung des jeweiligen Laufes, was allerdings nur dann sinnvoll ist, wenn zuvor die Bestimmung des Maximalpulses durchgeführt wurde (siehe dazu die Erklärungen zum Thema «Pulsmessgeräte» und wie man sinnvoll mit ihnen trainiert).

3. Richtig atmen

Beim Laufen brauchen Sie auf die Atmung überhaupt nicht zu achten, auch wenn dies in einigen Laufbüchern empfohlen und (oft reichlich kompliziert) beschrieben wird. Vergessen Sie alles, was Sie bisher dazu gehört oder gelesen haben. Wer sich bewegt, holt automatisch Luft, und zwar so oft, wie es nötig ist. Das einzig Wichtige, das Sie in diesem Zusammenhang beachten sollten: Atmen Sie kräftig aus. Denn je kräftiger Sie ausatmen, desto intensiver können Sie auch wieder einatmen. Außerdem lässt sich durch bewusstes Ausatmen die Kapazität der Lunge um ein Drittel erhöhen. Obendrein können Sie Seitenstechen vermeiden.

4. Der richtige Laufstil

Es gibt Wichtigeres beim Laufen als den Laufstil, z. B. das optimale Tempo (siehe oben). Doch ganz vernachlässigen sollten Sie ihn nicht. Jeder hat seinen individuellen Laufstil, beeinflusst vom Körperbau sowie von Struktur und Funktionalität der Muskeln und Gelenke. Das Wichtigste: Die Ober- und Unterarme sollten sich beim Laufen etwa in einem rechten Winkel befinden. Sie pendeln seitlich und nahe am Körper vorbei (nicht vor dem Körper und vor allem nicht zu hoch). Achten Sie darauf, dass die Hände beim Laufen locker und entspannt sind. Halten Sie die Handrücken seitwärts und die Hände leicht geöffnet. Der Daumen liegt locker auf dem Zeigefinger. Wenn Sie die Hände zu stark zusammenballen, besteht die Gefahr, dass Sie im Schulter- und Nackenbereich verkrampfen.

5. Die ideale Strecke

Je attraktiver die Laufstrecke, desto leichter fällt das Laufen. Unter «attraktiv» versteht natürlich jeder etwas anderes. Der eine stellt sich darunter eine Runde vor, auf der er besonders interessanten Menschen begegnet, andere (die meisten) ziehen eher Strecken vor, die landschaftlich reizvoll sind. Die ideale Laufstrecke ist entweder die, die am meisten Abwechslung bietet, oder die, auf der man entspannt seinen Gedanken nachhängen kann.

6. Gehen Sie auf Entdeckungstour

Ob Sommerurlaub, Wochenendtrip oder Geschäftsreise – wenn Sie sich in neuem, unbekanntem Terrain bewegen, macht das Laufen besonders viel Spaß. Haben Sie schon einmal ein Sightseeing per pedes statt mit dem Bus gemacht? Sind Sie schon einmal morgens eine Runde durch New York, London, Paris oder sonst wo gelaufen?

Haben Sie Ihren Chef schon einmal damit beeindruckt, dass Sie während einer Geschäftsreise der Einzige waren, der mehr von der Stadt kannte als das Tagungshotel und ein paar Restaurants und Bars? Wussten Sie, dass es in Venedig eine exakt vermessene 1,6-km-Runde gibt, bei der man nie das Wasser sieht? Oder dass Sie mitten in Athen eine wunderschöne 9-km-Runde finden, auf der man an vielen der interessantesten historischen Bauten vorbeikommt, ohne dass man auch nur einem Auto begegnet? Zugegeben, dazu muss man die Runde morgens um halb vier laufen – aber es lohnt sich immer, laufend auf Entdeckungstour zu gehen.

7. Laufen Sie mit Musik

Musik hebt die Stimmung, auch beim Laufen. Warum nehmen Sie nicht ab und zu ein bisschen Musik mit, wenn Sie alleine Ihre Laufrunden drehen? Mit einem Kassetten- oder CD-Spieler ist das kein Problem. Stellen Sie sich Ihren ganz persönlichen musikalischen Lauf-Cocktail zusammen, und Sie erleben altbekannte Strecken mit einem völlig neuen Laufgefühl. Allerdings sollten Sie dies nur dort tun, wo Sie nicht auf Verkehr achten müssen, auch nicht auf Radfahrer.

8. Wechseln Sie das Tempo

Immer im selben Tempo zu laufen kann mit der Zeit langweilig werden und ist außerdem nicht besonders leistungsfördernd. Es hält Sie zwar fit, doch wer sein Leistungsvermögen steigern will, sollte ab und zu etwas schneller laufen. Spielen Sie mit dem Tempo. Nicht nur, indem Sie jedes Mal ein anderes Lauftempo wählen, sondern es auch innerhalb eines Laufs variieren: mal schneller, mal langsamer. Die extremste Form des Tempowechseltrainings ist das Intervalltraining (bei dem maximale Laufbelastungen verschiedener Länge mit langsamen Trabpausen abwechseln); dies ist für Anfänger zu atemraubend und auch für Fortgeschrittene nur mit klaren Zeitvorgaben sinnvoll.

Wir empfehlen eine Tempowechselvariante namens «Fahrtspiel». Bei diesem «Spiel mit der Fahrt» bestimmen Sie, wo und wie lange Sie schnell laufen. Die besten Fahrtspiele ergeben sich im freien Gelände, wo Sie bei der Gestaltung der Trainingseinheit Ihrer Phantasie freien Lauf lassen können und sich an lokalen Gegebenheiten orientieren, z. B. «bis zur zehnten Straßenlaterne» oder «bis zur übernächsten Parkbank» (s. auch S. 70).

10. Wechseln Sie die Tageszeit

Laufen Sie immer zur selben Tageszeit? Vielleicht lässt ja Ihr Tages- bzw. Wochenrhythmus nur bestimmte Trainingszeiten zu. Oft sind es die Abendstunden, die das Hobby ausfüllt. Die Arbeit ist getan, und das Lauftraining sorgt für die Entspannung nach dem Berufsalltag. Haben Sie schon einmal darüber nachgedacht, zu anderen Tageszeiten die Laufschuhe zu schnüren? Frühmorgens zum Beispiel, wenn die Sonne aufgeht, die Natur erwacht, die Vögel zwitschern? Vor allem im Sommer ist dies die optimale Variante, weil Sie dadurch auch der Hitze aus dem Weg gehen, die selbst abends nach Büroschluss oft noch lange anhält. Sie werden überrascht sein, wie unterschiedlich die Lauferlebnisse sind und wie viel spannender Ihre Laufrunde zu ungewohnten Trainingszeiten sein kann.

10. Laufen Sie ohne Stoppuhr

Die Stoppuhr ist immer noch des Läufers liebster Begleiter. Piep – der Lauf beginnt. Piep – die Ampel steht auf Rot. Piep – die Ampel springt auf Grün. Piep – der erste abgemessene Kilometer beginnt. Piep – der erste Kilometer ist vorbei. Eine Uhr erlaubt die exakte Bestimmung des Laufumfangs und (auf abgemessenen Strecken) des Lauftempos. Aber – Hand aufs Herz – ist die Bestimmung der Streckenlänge und des Tempos wirklich so wichtig? Die exakte Messung jedes Lauftrainings kann im Gegenteil sogar sehr störend sein, denn sie nimmt dem Lauftraining jegliche Spontaneität. Nach Vorgaben zu laufen ist in der Vorbereitung auf ein spezielles Ziel (z. B. einen Wettkampf) hilfreich, aber nur ambitionierten Läufern zu empfehlen. «Bin ich auch schnell genug? Laufe ich lange genug?» sind Fragen, die sich gerade Laufanfänger nicht stellen sollten; für sie sollte allein der Spaß im Vordergrund stehen.

11. Ohne Pulsmessgerät laufen

Herzfrequenzmessgeräte sind hervorragende Trainingspartner. Sie zeigen auf Schritt und Tritt an, wie intensiv eine Belastung ist. Laufen Sie gerade entspannt (Herzfrequenz bis 75 Prozent der maximalen Herzfrequenz)? Oder überziehen Sie im Training permanent (Herzfrequenz immer über 80 Prozent der maximalen Herzfrequenz)? Aha, Sie führen genau Buch über jeden Herzschlag, den Sie laufend in den letzten Jahren getan haben. Hut ab! Oder besser nicht? Seien wir doch mal ehrlich: Viele Läufer sind schon zu Sklaven ihres Herzfrequenzmessers geworden. Das Schlimmste: Sie haben das Gefühl für den eigenen Körper verloren. Wir empfehlen Ihnen, 30 Prozent Ihres wöchentlichen bzw. monatlichen Laufpensums ohne Herzfrequenzmesser zu laufen. Wer sich von diesem Gerät kontrollieren lässt, macht sich zum Sklaven. Unser Tipp: Trainieren Sie nur ab und zu mit dem Herzfrequenzmesser, dann sind Sie auf dem besten Weg zum Erfolg und gönnen sich außerdem Freiräume für echte Körpererlebnisse.

12. Regenerieren nicht vergessen

Es gibt einige Dinge, die Sie in Ihrem Leben sehr ernst nehmen sollten: Familie, Partner, Freunde, Beruf usw. Das Laufen sollte nicht dazugehören (außer Sie wollen Olympiasieger werden). Laufen ist Ihr Hobby, nicht mehr und nicht weniger. Und ein Hobby ist – so der Duden – «eine Beschäftigung, der man aus Freude an der Sache nachgeht». Unsere Regel lautet: Anfänger sollten der Regeneration ebenso großen Stellenwert einräumen wie Profis. Nach einem Lauftag folgt *mindestens einer* ohne Laufen.

Lassen Sie die Beine baumeln oder gehen Sie schwimmen. Haben Sie einen Tag mal keine Lust zu laufen, dann lassen Sie es sein. Dafür wird der Spaß beim nächsten Mal größer sein als je zuvor. Nachdem Sie sich richtig ans Laufen gewöhnt haben, werden Sie bemerken, dass Sie unruhig werden, wenn Sie einige Tage nicht laufen konnten. Dieser Zustand zeigt, dass Sie auf dem besten Weg sind, ein Lebensläufer zu werden: Sie brauchen Bewegung wie die Luft zum Atmen.

13. Nur kein Gruppenzwang

Laufen macht zwar in Gesellschaft viel Spaß, kann aber auch in Gruppenzwang ausarten. Ist das Tempo Ihrer Mitläufer immer etwas höher, als Ihnen eigentlich lieb wäre? Fühlen Sie sich nie so richtig wohl, wenn Sie mit Ihrer Laufgruppe unterwegs sind? Dann ist dies definitiv nicht das richtige Team für Sie. Ziehen Sie die Konsequenzen, und schließen Sie sich einer anderen Laufgruppe an. Laufen Sie nur dann mit der alten Gruppe, wenn Sie ein höheres Tempo erreichen wollen. Eine gute Laufgemeinschaft nimmt allerdings immer auf die Leistungsfähigkeit des schwächsten (und nicht des stärksten) Mitläufers Rücksicht.

Sprechen Sie die Problematik beim nächsten gemeinsamen Laufen doch einfach an; vielleicht geht es ja noch anderen Gruppenmitgliedern wie Ihnen. Bilden Sie doch dann mit diesen eine eigene Laufgruppe, und lassen Sie die schnellen Läufer immer ein paar Minuten vorher starten, damit die schon außer Sichtweite sind, wenn Ihre Gruppe losläuft.

14. Richtig essen

Viele haben keinen Spaß am Laufen, weil Ihnen oft schon nach wenigen Minuten die Puste ausgeht. Das liegt häufig nicht an mangelndem Talent, einer falschen Einstellung oder Übergewicht, sondern an einer falschen Ernährung. Wenn Sie mit leeren Energiespeichern starten, bekommen Sie nach kurzer Zeit Probleme, denn körperliche Leistung bedarf der Erschließung körpereigener Energiequellen. Dies sind Kohlenhydrate und Fette. Ein kohlenhydratreicher Snack (Banane, Müsliriegel, Energieriegel) eine Stunde vor dem Lauftraining kann Wunder wirken. Zu viel ist allerdings auch nicht gut: Die letzte größere Mahlzeit vor dem Lauf sollte mindestens drei Stunden zurückliegen.

Nach diesen Kurztipps geht's ins Detail. Lesen Sie nun in den nächsten Kapiteln, was Sie vor, während und nach dem Laufen beachten sollten.

Der OPTIMALE LAUFSCHUH

Selbst in einer viel zu großen oder zu kleinen Hose können Sie ohne Probleme gehen – auch wenn es etwas komisch aussehen mag, bekommen Sie dabei immerhin keine Blasen oder gar orthopädische Probleme. Bei einem Laufschuh sind die Konsequenzen allerdings schwerwiegender, wenn er Ihnen nicht passt.

Hier drei Tipps, die Ihnen die Wahl des für Sie richtigen Laufschuhs erleichtern:

1. Bestimmen Sie zunächst Ihren Fußtyp. (s. u.)
2. Grenzen Sie anschließend anhand Ihres Fußtyps die Schuhkategorie ein, die Ihrem Typ entspricht.
3. Gehen Sie am besten in ein Lauffachgeschäft, und lassen Sie sich dort beraten. Probieren Sie im Laden verschiedene Modelle der entsprechenden Schuhkategorie an, bevor Sie sich für eines entscheiden.

Fußtyp bestimmen

Laufverhalten und Fußtyp beeinflussen sich in der Regel gegenseitig. Die Hersteller berücksichtigen dies – wenn auch leider nicht einheitlich – bei der Konstruktion und Kategorisierung ihrer Laufschuhe. Bevor Sie sich für einen bestimmten Laufschuh entscheiden, sollten Sie Ihren Fußtyp bestimmen. Läufer mit Fußfehlstellungen haben zum Beispiel häufig einen Senk-Spreizfuß und sollten einen Schuh mit geradem bzw. nur leicht gebogenem Leisten bevorzugen. Ein einfacher Test kann Ihnen bei der Bestimmung helfen: Stellen Sie sich mit einem nassen Fuß auf einen wassersaugenden Untergrund (Löschblatt o. Ä.), der einen Fußabdruck zulässt. Vergleichen Sie Ihren Abdruck mit den hier gezeigten. Haben Sie einen Normalfuß, Senk-Spreizfuß oder Hohlfuß? Wer es ganz genau wissen will, fragt den Orthopäden.

Normalfuß
Normale Füße haben ein gleichmäßig ausgeprägtes Fußgewölbe. Der Fußabdruck macht Vor-, Mittel- und Rückfußbereich sichtbar. Der Normalfüßler berührt beim Laufen erst mit der Außenseite des Rückfußes den

Boden. Dann knickt er nach innen ab (natürliche Pronation), um den Aufprall des Fußes aufzufangen.

- Empfohlener Leisten:
  leicht gebogen
- Empfohlene Schuhkategorie:
  Laufschuhe, die Stabilität bieten

Senkfuß

Senkfüße haben ein niedriges Fußgewölbe und hinterlassen einen kompletten Fußabdruck. Senk-Spreizfüßler knicken nach der Landephase sehr stark nach innen ab (Überpronation). Das führt bei falscher Schuhauswahl oftmals zu Verletzungen.

- Empfohlener Leisten:
  gerade oder leicht gebogen
- Empfohlene Schuhkategorie:
  Laufschuhe, die Fehlstellungen korrigieren, mit festen Zwischensohlen und Pronationsstützen

Hohlfuß

Läufer mit Hohlfüßen hinterlassen nur im Vor- und Rückfußbereich einen Abdruck. Der Mittelfuß ist nur an der Außenseite zu erkennen. Ihnen fehlt in der Regel der natürliche Aufprallschutz des Fußes, da sie in der Landephase in der Regel nicht nach innen abknicken.

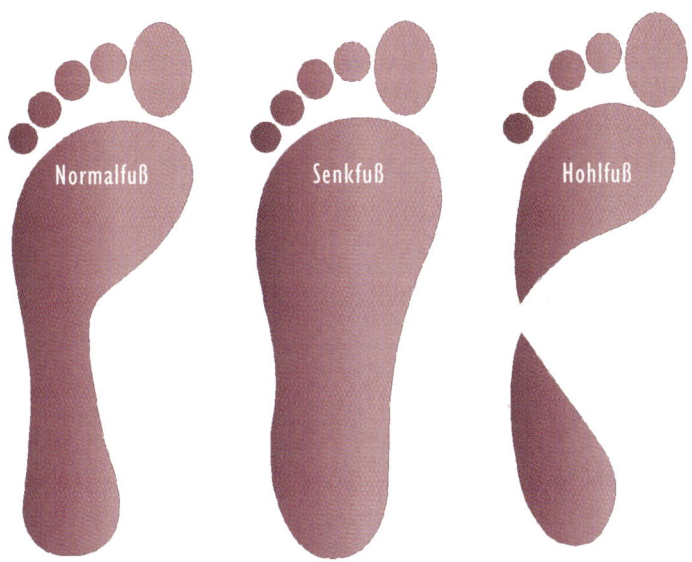

- Empfohlener Leisten: gebogen
- Empfohlene Schuhkategorie: Schuhe mit guten Dämpfungseigenschaften und großer Flexibilität

Schuhkategorien

Sie haben Ihren Fußtyp bestimmt? Nun müssen Sie sich entscheiden, für welche Trainingsbelastungen und Laufuntergründe Sie einen Schuh suchen. Wollen Sie mit den Schuhen schnell oder locker laufen, bevorzugen Sie Asphaltstrecken, oder laufen Sie lieber abseits befestigter Wege?

Schuhe, die Stabilität bieten

So genannte Stabilschuhe bieten eine Pronationsstütze, welche in der Regel mindestens aus einer zweiten EVA-Härte in der Zwischensohle besteht, und sind auf einem leicht gebogenen Leisten aufgebaut. Die Außensohle sollte überwiegend aus Karbongummi bestehen, zumindest aber in den wesentlichen Abriebbereichen.
Diese Laufschuhe sind für Sie geeignet,

- wenn Sie ein Normalfußläufer mit normaler Pronation sind,
- wenn Sie ein leichtgewichtiger Überpronierer sind.

Schuhe, die Fehlstellungen korrigieren

Diese Laufschuhe nennen wir «Stabilitätsschuhe». Sie sollen die Überpronation einschränken. Die Schuhe sind oft etwas schwerer, dafür aber sehr robust. Sie haben in der Regel eine spezielle Stabilitätsstütze an der Innenseite. Die Zwischensohle ist aus Polyurethan, zumindest aber aus EVA in zwei Stärken, die Außensohle meist aus Karbongummi. Klassische Stabilitätsschuhe sind auf einem geraden Leisten gearbeitet.

Diese Laufschuhe sind für Sie geeignet,

- wenn Sie Überpronierer sind,
- wenn Sie schwergewichtig sind.

Schuhe mit guter Dämpfung

Gut gedämpfte Laufschuhe haben weiche Zwischensohlen. Sie sind zumeist auf leicht oder stärker gebogenem Leisten gearbeitet und forcieren dadurch die Bewegung des Fußes, bieten aber in der Regel nur eine geringe Stabilität auf der Schuhinnenseite.

Diese Laufschuhe sind für Sie geeignet,

- wenn Sie Normalfußläufer, Läufer mit Hohlfüßen oder Unterpronierer sind,
- wenn Sie keine zusätzliche Stütze auf der Innenseite des Schuhs benötigen.

Trailschuhe

Trailschuhe haben eine stark profilierte Außensohle. Sie verfügen über eine mediale Stütze und / oder eine Zwischensohle in zwei Härtegraden. Das Obermaterial ist Wasser abweisend, mit speziellem Schutz im Zehenbereich sowie verstärkten Nähten. Diese Laufschuhe sind für Sie geeignet,

- wenn Sie abseits befestigter Wege laufen wollen,
- wenn Sie einen Schuh suchen, der guten Halt, ein robustes Obermaterial und Nässeschutz bietet.

Wettkampfschuhe

Wettkampfschuhe sind leicht und auf einem speziellen, leicht bis stark gebogenen Leisten gearbeitet. Ihre Zwischensohle besteht aus EVA, die Außensohle, zumindest im Vorfußbereich, aus geschäumtem Gummi. Der Schaft ist in der Regel aus luft-

durchlässigem Material mit einem Schnell-Schnürsystem.
Diese Laufschuhe sind für Sie geeignet,

- wenn Sie ein Normalfußläufer ohne Fußfehlstellung sind,

- wenn Sie häufig an Wettkämpfen teilnehmen,
- wenn Sie einen speziellen Laufschuh für die ganz schnellen Trainingseinheiten suchen,
- wenn Sie nicht schwergewichtig sind.

Laufschuh-Lexikon

Außensohle

Sie ist meist entweder aus sehr abriebfestem, also besonders haltbarem Karbongummi gefertigt oder aus Gummi, das zwar einen weicheren Fußtritt gewährleistet, sich aber auch schneller abnutzt.

EVA

Ethylenvinylacetat. Sehr leichter Kunststoff, der in Laufschuhen als Zwischensohlenmaterial verwendet wird. Druckgeschäumtes EVA ist nicht nur leicht, sondern besitzt auch sehr gute Dämpfungseigenschaften.

Flexkerben

Einsparungen in Zwischen- und Außensohle, die diese biegsamer machen und dadurch die Bewegung des Fußes erleichtern bzw. unterstützen.

Härtegrad

Bezeichnet die Festigkeit der Zwischensohle. Viele Hersteller benutzen verschiedene Härtegrade in der Zwischensohle. Eine EVA-Sohle mit zwei Härten hat zum Beispiel normalerweise den festeren Einsatz auf der Schuhinnenseite.

Leisten

Plastikelement, über das der Schuh «gebaut» wird. Der Leisten entscheidet über die Passform des Schuhs. Es gibt verschiedene Leistenformen: Gerade, gebogene und leicht gebogene. Beim geraden Leisten ist die mediale Seite des Schuhs (Innenseite) gerade gestaltet; der Fuß wird dadurch besser gestützt als beim gebogenen Leisten. Beim gebogenen Leisten ist die mediale Seite des Schuhs gebogen. Ein solcher Schuh ist für Läufer ohne Fußprobleme geeignet.

Mittelfuß

Fußbereich, der das Fußgewölbe und den äußeren Fußrist zwischen Ballen und Ferse betrifft.

PU

Polyurethan. Synthetisches Gummi, das überwiegend als Material für Zwischensohlen verwendet wird. PU ist fester und schwerer als EVA, aber auch haltbarer.

Überpronation

Unter «Pronation» versteht man das natürliche Einknicken des Fußes nach innen bei jedem Laufschritt. Ein leichtes Pronationsverhalten ist physiologisch normal. Bei einer Überpronation knickt der Läufer übermäßig stark nach innen ein. Um Verletzungen vorzubeugen, sollten Sie einen Schuh wählen, der auf der Schuhinnenseite besonders stützt, und/oder Einlagen tragen.

Unterpronation (Supination)

Weit seltener als Überpronation, auch «Supination» genannt. Der Fuß knickt nach dem Auftreten nicht nach innen ab, sondern nach außen. Indiz für ein solches Laufverhalten sind die an der Außenseite stärker abgenutzten Außensohlen.

Zwischensohle

Sohlenmaterial, auf das unten die Außensohle aufgeklebt wird und auf dem oben der Schaft ansetzt. Das Herzstück der Laufschuhtechnologie, in das Dämpfungssysteme und Stabilitätselemente integriert werden.

Der Laufschuhkauf – 16 Fragen und Antworten

Bevor Sie losziehen, um sich ein Paar neue Laufschuhe zu kaufen, lesen Sie am besten das folgende Kapitel. Dann wissen Sie mehr als so mancher Laufschuhverkäufer.

1. Worauf muss ich beim Laufschuhkauf achten?

Füße verändern ihre Form im Laufe des Tages: Sie schwellen durch die Belastung an und werden «größer». Kaufen Sie Laufschuhe deshalb besser erst am späten Nachmittag, damit Sie keine zu engen wählen. Nehmen Sie zum Laufschuhkauf ein Paar abgelaufene Laufschuhe mit. Geschultes Verkaufspersonal kann nach kurzer Inspektion der alten Schuhe auf Ihr Laufverhalten schließen. Tragen Sie beim Anprobieren die Socken, die Sie auch beim Laufen tragen. Beachten Sie, dass Ihre Füße unterschiedlich lang sein können. Der größere Fuß dient dann als Passnorm. Stehen Sie beim Anprobieren im Schuh: Zwischen der Spitze des großen Zehs (bzw. des längsten Zehs) und der Schuhspitze sollte ein Fingerbreit Platz sein. An der breitesten Stelle des Schuhs sollte der Schuh gut anliegen und gleichzeitig im Fersenbereich gut sitzen. Der Schaft sollte sich an den Fuß anschmiegen, sodass keine Druckstellen entstehen.

2. Wodurch zeichnet sich eine gute Laufschuhberatung aus?

Eine sinnvolle Beratung braucht vor allem Zeit. Meiden Sie deshalb die Haupteinkaufszeiten. In einem Vorgespräch müssen die verschiedenen Faktoren, die bei der Auswahl des Schuhs eine Rolle spielen, abgeklärt werden: Körpergewicht, Körpergröße, Laufkilometer pro Woche, Laufuntergrund, bisher bevorzugte Laufschuhkategorie, Verwendungszweck der Schuhe (Training, Wettkampf, Gelände) und natürlich die Fußformen und eventuelle Fußfehlstellungen. Vor allem um Letzteres zu beurteilen, sind gewisse orthopädische Kenntnisse des Verkäufers von Vorteil.

3. Wie testet man einen Laufschuh im Laden?

Behalten Sie die Laufschuhe ein paar Minuten an, und laufen Sie vor dem Laden ein wenig auf und ab, wenn man es Ihnen erlaubt. Falls nicht anders möglich, laufen Sie wenigstens auf der Stelle. Gibt es ein Laufband im Laden, ist ein Testlauf nur sinnvoll, wenn Sie mit Laufbändern keine Probleme haben. Schnüren Sie den Schuh sorgfältig, strecken Sie dabei die Zehen nach oben, und drücken Sie die Ferse ganz fest in die Fersenschale.

4. Wie viele Paar Schuhe sollte ich anprobieren?

Achten Sie darauf, dass Ihnen nicht nur Modelle eines Herstellers angeboten werden, sondern eine Auswahl. Nicht der erste Schuh, der gut sitzt, muss gekauft werden. Probieren Sie immer mehrere Modelle von verschiedenen Herstellern aus.

5. Was sind Auslaufmodelle?

Meist sind dies Modelle, die in der nächsten Produktion nicht mehr oder lediglich neu überarbeitet in die Läden kommen, oder es sind Sonderposten, also Schuhmodelle, von denen zu viele produziert und zu wenig verkauft wurden. Oft sind die angebotenen Schnäppchen aber auch Schuhe, die nagelneu im Programm sind, bei denen der Händler aber erst nach der Zusendung feststellt, dass sie sich nur schlecht zum regulären Preis verkaufen lassen.

6. Welche Laufschuhe sind für Einlagenträger geeignet?

Einlagen benötigen Läuferinnen und Läufer mit Fußfehlstellung. Je nach Fußproblem gibt es verschiedene Schuhmodelle, die extra für Einlagen angefertigt werden. Bei den Laufschuhen werden nur die Einlegesohlen herausgenommen und die orthopädischen Einlagen eingesetzt. Entscheidender ist eher die Beschaffenheit der Einlage. Sie muss nämlich für Laufschuhe geeignet sein und sollte auf jeden Fall einteilig in Langform (d. h. durch den ganzen Schuh laufend) sein und aus leichtem, aber verschleißfestem EVA-Material bestehen.

7. Was sagt der Preis über die Qualität des Schuhs aus?

Nicht immer ist der teuerste Schuh auch der beste, sprich der richtige. Laufschuhe sind immer nur so gut, wie sie zu den Füßen passen, die in ihnen stecken. Optisch aufgemotzte und teure Modelle lassen den Eindruck entstehen, dass das betreffende Modell auch entsprechend gut ist. Doch dies relativiert sich oft durch die

Beratung und die entsprechende Typeneinteilung (siehe Frage 2).

8. Was kostet ein guter Laufschuh?

Die Preise von Laufschuhen sind in den letzten Jahren erstaunlich stabil geblieben. Pauschal lässt sich sagen, dass man heute für das gleiche Geld wesentlich bessere Schuhe erhält. Eine untere und obere Preisgrenze ist schwer festzulegen. Natürlich ist ein Laufschuh für einen Läufer mit Normalfuß kostengünstiger als einer, der die Kriterien Übergewicht, Fußfehlstellung und Straßenlauf berücksichtigt. Rund 85 Euro kosten Laufschuhe

mit einer Ausstattung und Verarbeitung, die ein seriöses Lauftraining erfordert. 100 Euro muss der Käufer für Schuhe mit Extras wie Vorfußdämpfung oder zusätzlicher Pronationsstütze ausgeben. Über 100 Euro kosten Modelle, die extreme Dämpfungs- und/oder Stabilitätseigenschaften gewährleisten.

9. Wie viele Paar Laufschuhe brauche ich als Läufer?

Weniger ambitionierten Läufern oder Laufeinsteigern, die nicht öfter als zweimal pro Woche laufen, reicht ein Paar Laufschuhe. Auf die Qualität sollten sie beim Kauf aber trotzdem achten. Denn auch wer wenig oder langsam läuft, braucht einen guten, auf die individuellen Bedürfnisse abgestimmten Schuh. Läuferinnen und Läufer, die drei- bis viermal oder gar öfter pro Woche laufen, benötigen mindestens zwei Paar Laufschuhe, besser drei Paar. Diese sollten abwechselnd getragen und den verschiedenen Trainingsansprüchen und Laufuntergründen angepasst werden. Dadurch beugen Sie einer einseitigen Belastung des Bewegungsapparates sowie Verletzungen vor. Wer ambitioniert trainiert und nach Bestzeiten schielt, ist vor allem bei kürzeren Wettkämpfen mit einem speziellen Wettkampf-schuh gut beraten. Für Laufabenteuer im unebenen Gelände gibt es mittlerweile eine Vielzahl spezieller Trail-schuhe. Viele schließen über dem Knöchel ab und haben Wasser abweisendes Obermaterial.

10. Wie kann ich Laufschuhe säubern?

Säubern Sie Ihre Laufschuhe möglichst von Hand. Benutzen Sie lauwarmes Wasser, einen weichen Schwamm oder eine Bürste und milde Seife. Waschen Sie Laufschuhe nicht in der Waschmaschine, denn bei Wassertemperaturen über 30 Grad kann die Zwischensohle an Funktionalität und das Obermaterial an Haltbarkeit verlieren. Übrigens: Die meisten Schuhhersteller akzeptieren keine Reklamationen bei Laufschuhen, die in der Waschmaschine gewaschen wurden.

11. Wie trockne ich nasse Laufschuhe?

Lassen Sie die Laufschuhe nie von selbst ohne Nachbehandlung trocknen, sondern stopfen Sie sie mit Zeitungspapier aus, und lassen Sie sie bei Raumtemperatur trocken werden.

Schuhe und Schuheinlagen nicht in der Sonne trocknen lassen, denn sowohl die geschäumte Zwischensohle als auch die Einlagen können schrumpfen; das Gleiche kann passieren, wenn Sie sie in den Wäschetrockner tun. Laufen Sie nicht mit den Schuhen, bevor sie ganz trocken sind, ansonsten besteht die Gefahr, dass das Obermaterial gedehnt und überstrapaziert wird.

12. Lassen sich Laufschuhe besohlen?

Nein. Eine abgelaufene Außensohle ließe sich zwar mehr oder weniger problemlos ersetzen, aber sie ist immer auch ein Zeichen für den allgemeinen Schuhverschleiß. Da Zwischensohlen in der Regel keine längere Haltbarkeit als Außensohlen bieten, können abgelaufene Außensohlen auch ein Hinweis auf Funktionsdefizite der Zwischensohlen sein, und die können Sie nicht ersetzen. Also: Ist die Außensohle abgelaufen, benötigen Sie einen neuen Schuh.

13. Welche Funktion hat das Obermaterial?

Das Obermaterial des Laufschuhs, auch Schaft genannt, umhüllt und schützt den Fuß und soll die Klimatisierung des Fußes gewährleisten. Im vorderen Zehenbereich sollte eine Schaftverstärkung die Schuhspitze gegen Stöße schützen und etwas weiter über den Großzehenbereich gezogen sein, um ein Durchstoßen des großen Zehs zu verhindern. Die Schuhzunge schützt den Fußrücken vor Druckstellen durch das Schnürsystem. Da sie schnell verrutscht, wird sie oftmals direkt mit dem Schaft vernäht. Im Mittelfußbereich kann das Schaftmaterial auch stabilisierende Eigenschaften besitzen, dann ist es von der Schnürung zur Sohle verstärkt. Der Schaftabschluss ist rund um den Knöchelbereich extra gepolstert: erstens, damit die Ferse nicht aus dem Schuh rutscht; zweitens, um Reibung zu verhindern. Fast alle Laufschuhmodelle der gehobeneren Preiskategorie bieten Reflektoren auf dem Fersenbereich, um die Sicherheit beim Laufen im Dunkeln zu erhöhen.

14. Wie schwer darf ein Laufschuh sein?

Je höher Ihr persönliches Leistungsvermögen, je weniger Sie wiegen und je effektiver Ihr Laufstil, desto leichter darf auch der Laufschuh sein. Normale Trainingsschuhe wiegen zwischen 310 und 380 Gramm. Alles, was leichter ist, nennt sich «Lightweight Trainer», das sind Schuhe, die weniger Stabilität und Dämpfung bieten, aber oft sehr flexibel sind und mit denen man die schnelleren Trainingseinheiten oder Wettkämpfe absolvieren kann. Klassische Wettkampfschuhe wiegen zwischen 190 und 280 Gramm, sind aber nur wirklich ambitionierten Läufern ohne Fußfehlstellung zu empfehlen. Schuhe mit hoher Stabilität wiegen bis zu 450 Gramm und mehr. Das höhere Gewicht ist bedingt durch Stützelemente, dichter geschäumtes Zwischensohlenmaterial, eine abriebfeste Außensohle, sehr strapazierfähiges Obermaterial und eine feste Fersenschale.

15. Woran erkenne ich, dass meine Schuhe nicht mehr funktionstüchtig sind?

Es gibt drei Möglichkeiten:

1. Drücken Sie mit den Fingern in die Zwischensohle. Fühlt sie sich brüchig an oder stark zusammengepresst? Kein gutes Zeichen. Zwischensohlen verlieren in der Regel schneller ihre Haltbarkeit als Außensohlen (s. o.). Lassen Sie sich also nicht vom Erscheinungsbild

einer Außensohle täuschen, sie sagt viel, aber nicht alles über den Zustand eines Laufschuhs aus.

2. Stellen Sie Ihre Laufschuhe vor sich auf den Tisch: Fallen sie zu einer Seite ab? Das spricht für eine starke Abnutzung, die man zumeist auch direkt beim Betrachten der Außensohle bemerkt.

3. Hören Sie auf Ihren Körper. Hatten Sie in letzter Zeit Gelenk- und/oder Rückenprobleme? Wenn ja, kann dies durchaus mit abgetragenen Schuhen in Zusammenhang stehen. Überprüfen Sie das anhand der in Punkt 1 und 2 beschriebenen Tests.

16. Wie viele Kilometer verträgt ein Paar Laufschuhe?

Dies hängt natürlich vom Läufertyp und dem Schuhmodell ab. 500 bis 600 Kilometer sollte ein seriöser Laufschuh vertragen, und es können gut weitere 150 bis 300 Kilometer mehr sein, wenn Sie ihn gut pflegen und zum Beispiel auf weichem Untergrund laufen. Eventuell halten Ihre Wettkampfschuhe und leichtgewichtigen Trainingsschuhe nicht so lange, andererseits soll es sogar Läufer geben, deren Schuhe erst nach 1000 bis 1200 Kilometern abgelaufen sind.

BEKLEIDUNG –
So sind Sie RICHTIG ANGEZOGEN

Luftig leicht: Laufen im Sommer

Bei milden Temperaturen fällt die Wahl der richtigen Bekleidung am leichtesten. Weniger ist meist mehr, denn ein heißgelaufener Körper braucht hauptsächlich kühlende Luft. Leicht und luftig sollte die Bekleidung sein, vor allem aber atmungsaktiv und Feuchtigkeit transportierend. Kurz gesagt: funktionell.

Die körpereigene Wärmeregulierung erfolgt über die Haut bzw. die Schweißdrüsen, deren Anzahl in die Millionen geht. Durch das Schwitzen reguliert unser Körper den Wärmehaushalt. Wenn nun eine Faser, beispielsweise Baumwolle, den Schweiß zwar aufsaugt, aber nur langsam verdunsten lässt, weil das Gewebe vollgesogen ist, klebt das Hemd schwer auf der Haut, es reibt und fühlt sich kalt an.

Materialien wie Tactel hingegen leiten den Schweiß von der Haut nach außen weiter. Diese Hightech-Fasern aus Polyamid oder Polyester sind außergewöhnlich fein gewebt. Im Gegensatz zu Baumwolle sind sie Wind und Wasser abweisend und nehmen so gut wie keine Feuchtigkeit auf, da sie so gewebt sind, dass Feuchtigkeit in Form von Dampf durch mikroskopisch kleine Löcher entweichen kann. Ein Funktionsshirt schützt übrigens auch vor schädlichen UV-Strahlen und Sonnenbrand. Dunkle Farben schützen die Haut dabei effektiver als helle, doch dieser Unterschied kommt allerhöchstens bei mehrstündigen Läufen zum Tragen.

8 coole Tipps fürs Laufen an heißen Tagen

1. Morgens laufen. Frühmorgens (bis zirka acht Uhr) sind die Temperaturen (und die Ozonwerte) auch an heißen Tagen niedriger als nachmittags. Wenn Sie erst abends Zeit haben, laufen Sie nach Sonnenuntergang, dann sinken auch die Ozonwerte merklich. Wenn Sie mittags laufen, suchen Sie schattige Strecken.

2. Trinken, trinken, trinken. Auch wenn Sie keinen Durst haben, sollten Sie regelmäßig trinken, möglichst ein Glas (etwa einen Viertelliter) pro Stunde. Nach sportlicher Aktivität sollten Sie Ihre Flüssigkeitsspeicher schnell wieder auffüllen. Am effektivsten sind ausgewogene Sportdrinks.

3. Kopfbedeckung. Tragen Sie eine leichte Mütze, wenn Sie länger (als eine halbe Stunde) in der Sonne laufen. Bedenken Sie aber: Ein großer Teil der Körperwärme wird über den Kopf abgegeben. Deswegen sollte die Kappe leicht und möglichst aus funktionellem Material sein.

4. Langsam starten. Gewöhnen Sie Ihren Körper vorsichtig an die hohen Temperaturen. Beginnen Sie mit schnellem Gehen, bevor Sie in einen leichten, langsamen Laufschritt fallen. Dies gilt vor allem für die ersten Hitzetage des Jahres, damit Sie Ihren Körper langsam an die ungewohnte Temperatur gewöhnen können.

5. Abkühlen. Wenn Sie länger als eine Stunde laufen, sind Strecken ideal, an denen sich Wasserstellen befinden bzw. an denen Sie sich abkühlen können (Kopf, Unterarme und Oberschenkel befeuchten). Übrigens: Eine kalte Dusche vor dem Lauf senkt nachweislich die Körpertemperatur und macht den Körper leistungsfähiger.

6. Training reduzieren. Tempoläufe, lange Dauerläufe oder gar Wettkämpfe sollten möglichst frühmorgens oder spätabends stattfinden. Das Herz muss bei hohen Temperaturen stärker arbeiten; dies vermindert die Leistungsfähigkeit.

7. In den Körper hören. Bei Kopfschmerzen und Schwindel, Koordinationsproblemen, Heiß-Kalt-Schauern, Frösteln, Magenschmerzen oder Muskelkrämpfen sollten Sie sofort jede sportliche Aktivität einstellen, einen schattigen Platz aufsuchen, sich ausruhen und etwas trinken.

8. Verzichten. Wenn es plötzlich sehr heiß wird, eine überraschende Hitzewelle die Temperaturen von einem auf den anderen Tag in die Höhe treibt oder Sie ein Urlaubsziel erreicht haben, wo wesentlich wärmeres Wetter herrscht, sollten Sie auch mal ganz auf das Laufen verzichten und Ruhetage einlegen.

Das Zwiebelprinzip: Laufen im Frühjahr und im Herbst

Frühjahr und Herbst ist Westenzeit. Typischer Anfängerfehler: zu dick angezogen. Die Folge: Hitzestau. In diesen Jahreszeiten fällt die Wahl der optimalen Bekleidung am schwersten. Mal ist es kalt, windig und feucht, dann wieder warm und trocken, und – typisch April – manchmal wird einem im Laufe einer 45-Minuten-Strecke von allem etwas geboten. Vor diesem Hintergrund bekommt die wichtigste Faustregel bei der Bekleidung einen noch höheren Stellenwert: das «Zwiebelprinzip». Dies bedeutet: Eine Kombination mehrerer dünner Funktionsschichten ist besser als eine dicke Schicht. Denn bei einem Wetterumschwung lässt nur die mehrschichtige Variante die Möglichkeit einer individuellen Bekleidung zu.

Die unterste Schicht liegt direkt auf der Haut, sie soll Feuchtigkeit schnell vom Körper wegtransportieren und ihn trocken halten. Funktionelle Sportunterwäsche gibt es heute in breiter Auswahl. Einflächige Materialien sind z. B. Coolmax, Supplex oder Thermic. Zweiflächige Stoffe (Innenseite zur Weiterleitung des Schweißes, Außenseite als aufsaugendes «Löschblatt») sind Climalite, Dri-Fit oder Tactel Aquator. Eine mittlere Schicht dient als Wärmehalter; sie ist allerdings nur bei extremen Wetterbedingungen sinnvoll. Leichte und atmungsaktive Fleece-Stoffe sind da die beste Wahl. Die äußerste Schicht dient dem Wetterschutz. Im Frühjahr oder Herbst reicht dazu oft schon eine ärmellose Weste. Clima Fit, Maxitex,

Meryl, Microft, Micro Max, Riplex oder Tactel gehören auch hier zu den häufig verwendeten Materialien. Besonders winddichte Stoffe (Gore Windstopper) oder extrem wasserdichte Membranen (Gore-Tex, Sympatex) sind dagegen erst bei richtigem Winterwetter gefragt.

Richtig angezogen im Winter

Winter ist nicht gleich Winter. Die Temperaturen und Witterungsbedingungen wechseln in der kalten Jahreszeit ständig. Entsprechend sollte auch die Kombination der Bekleidung dem Winterwetter angepasst werden.

Kühl (5 bis 15 Grad)
Zweischichtiges Bekleidungssystem:
1. Schicht: langärmeliges Funktionsshirt, Shirt
2. Schicht: Funktionsweste oder -jacke, Tight
Extras: Kappe, leichte Handschuhe

Kalt (5 bis –10 Grad)
Dreischichtiges Bekleidungssystem:
1. Schicht: langärmeliges Funktionsshirt, Funktionsunterhose
2. Schicht: wärmende Zwischenschicht, z. B. Fleece-Pullover
3. Schicht: wasser- und windfeste Jacke, Wintertight
Extras: Mütze oder Stirnband, Handschuhe

Eisig (–10 Grad und kälter)
Vierschichtiges Bekleidungssystem:
1. Schicht: Funktionsunterhemd und -unterhose
2. Schicht: langärmeliges Funktionsshirt
3. Schicht: wärmende Zwischenschicht, z. B. aus Fleece, Tight
4. Schicht: wasser- und windfeste Hose und eine ebensolche Jacke mit hohem Kragen.
Extras: Mütze (evtl. Schlupfmütze), Handschuhe

Frieren bei Plusgraden

Der «Windchill-Faktor» ist eine Formel, mit der sich das subjektive Kälteempfinden berechnen lässt, abhängig von der Luftbewegung bzw. vom Wind. Sei es, dass man mit dem Rad unterwegs ist und den Fahrtwind spürt, sei es, dass man beim Laufen mit unterschiedlichen Windgeschwindigkeiten zu tun hat — je nach Stärke der Luftbewegung fällt die subjektiv empfundene Temperatur kälter aus.

Gefühlte Temperatur in Grad Celsius

Bei Windstille	10	8	6	4	2	0	− 2	− 4	− 6	− 8	−10
Wind 10km/h	8	5	3	1	− 1	− 4	− 6	− 8	−10	−12	−15
Wind 20 km/h	3	1	− 2	− 5	− 7	−10	−12	−15	−17	−20	−23
Wind 30 km/h	1	− 2	− 5	− 8	−11	−14	−16	−19	−22	−25	−28
Wind 40 km/h	− 1	− 4	− 7	−10	−13	−16	−19	−22	−25	−28	−31

Fit für die Eiszeit: Laufen im Winter

Abgedroschen oder nicht, der Spruch hat seine Bedeutung: Es gibt kein schlechtes Wetter, nur schlechte Kleidung. Was den Anfänger gerade im Winter vom Routinier unterscheidet, ist das Gefühl für die richtige Bekleidung: Tights oder Shorts, Weste oder Jacke, Fleece oder Gore-Tex? Anfänger tendieren dazu, sich wärmer anzuziehen, als es nötig ist, weil sie sich zu sehr von ihrem Körperempfinden vor dem Lauf beeinflussen lassen. Bald schon merken sie, dass sie mindestens eine Schicht zu viel tragen. Damit Sie bei Wind und Wetter richtig angezogen sind, haben wir für Sie eine Übersicht über die wichtigste Laufbekleidung zusammengestellt:

Laufjacken

Eine funktionelle Laufjacke sollte vor allem Feuchtigkeit von innen nach außen durch den Stoff durchlassen. Das einzige Problem: Je atmungsaktiver die Jacke, desto weniger Wasser abweisend ist sie. Ob dies zu einem echten Problem wird, liegt an den individuellen Ansprüchen.
An milden Wintertagen, wie sie in unseren Breitengraden üblich sind, ist meist die Atmungsaktivität der Laufjacke wichtiger als ihr Regenschutz. Also bietet sich eine leichte, atmungsaktive Jacke an, die gewährleistet, dass der Schweiß ausdünsten kann. Bei starkem Regen oder Schnee würde Sie diese Jacke allerdings nicht trocken halten, vor allem, wenn der Lauf länger als eine Dreiviertelstunde dauert.

Jede Laufjacke sollte unbedingt Schutz gegen den Wind bieten, denn Wind kann das Kälteempfinden stark beeinflussen (siehe auch S. 35). Wenn Sie im tiefsten Winter bei Minustemperaturen länger als zwei Stunden laufen und dieser Lauf eventuell von Gehpausen unterbrochen ist, dann sollten Sie unbedingt immer auf eine dickere Laufjacke zurückgreifen.

Fleece-Pullover

Fleece bietet eine extrem gute Wärmeisolierung, nimmt aber im Gegensatz zu Baumwolle keinerlei Feuchtigkeit auf. Stattdessen wird auch beim Fleece überschüssige Nässe von der Haut durch die Kleidung abgeleitet. Daher trägt ein Fleece-Pullover dazu bei, dass die Temperatur rund um den Körper angenehm und immer gleich bleibt. Richtig praktisch ist außerdem, dass selbst der dickste Fleece-Pullover noch extrem leicht ist. Das Material behält immer seine Passform und fühlt sich auch auf der Haut sehr angenehm an, es läuft nicht ein und trocknet sehr schnell.

Funktionshemden

Funktionshemden trägt man entweder direkt auf der Haut (wenn es nicht bitterkalt ist) oder über einem zusätzlichen Funktionsunterhemd (bei Minustemperaturen). Funktionshemden transportieren Feuchtigkeit von der Haut weg in das darüber liegende Kleidungsstück. Sie sollten körpergerecht zugeschnitten sein und eng anliegen.

Wintertights

Warme, gut sitzende Tights können im Winter manches Training retten. Wintertights halten die Muskulatur trocken und warm, ohne den Bewegungsablauf zu behindern. Im Gegensatz zu normalen Tights eignen sich Wintertights für Temperaturen unter fünf Grad, je nach Kälteempfinden.

Accessoires

Über den Kopf wird ein Großteil der Körperwärme abgegeben. Deshalb ist der Schutz des Kopfes im Winter äußerst wichtig. Eine Mütze oder ein Stirnband sind unter null Grad auch bei dichtem Haar empfehlenswert. Ziehen Sie Handschuhe an, denn es gilt die Regel: Sind die Hände warm, ist es auch der ganze Körper.

EXTRA:
SPEZIAL-TIPPS *für Frauen*

Frauen laufen anders als Männer. Sie sind zielstrebiger, konsequenter in der Umsetzung ihrer Trainingsvorgaben, und sie laufen vernünftiger als Männer, nämlich ruhiger und ausgeglichener – im Schnitt wohlgemerkt, denn Ausnahmen bestätigen, wie immer, die Regel. Ob das unterschiedliche Laufverhalten daran liegt, dass Frauen weniger Testosteron ausschütten als Männer, sei dahingestellt. Jedenfalls sehen Joggerinnen im Schnitt weniger angestrengt aus als ihre männlichen Pendants, die sich oft zu überfordern scheinen und sich selbst im Freizeitsport dem Alltagsstress nicht entziehen können, dem sie doch eigentlich davonlaufen wollen.

Abgesehen von solchen Vergleichen, die einer jahrelangen und zugegebenermaßen subjektiven Beobachtung entsprungen sind, gibt es aber auch wissenschaftliche Forschungsergebnisse zum Thema. Der bekannte Sportmediziner und Leistungsphysiologe Tim Noakes von der Universität Kapstadt (Südafrika) setzt sich seit Jahrzehnten wissenschaftlich mit dem Laufen auseinander. Er fasste die Untersuchungen, die sich mit den physiologischen Leistungsunterschieden zwischen Männern und Frauen beschäftigen, wie folgt zusammen:

- Frauen sind physiologisch im Nachteil, da sie im Durchschnitt mehr Fett und weniger Muskelmasse haben als Männer mit gleichem Body-Mass-Index.
- Frauen haben bei gleichem Body-Mass-Index aber nicht nur weniger Muskulatur, sondern – und das hängt direkt damit zusammen – auch eine geringere maximale Sauerstoffaufnahmekapazität (die Menge, die der Körper auf einmal aufnehmen kann).
- Das heißt für Läuferinnen, dass sie mit weniger Muskeln und weniger Sauerstoff genau dasselbe Körpergewicht beim Laufen bewegen müssen wie gleich große und gleich schwere Männer.
- Die Leistungsunterschiede zwischen Männern und Frauen in den explosiven Kraft- und Sprintsportarten können einerseits auf die tatsächlich geringere Muskelmasse der Frauen zurückzuführen sein, andererseits aber voraussichtlich auch auf ein grundsätzlich schwächeres Muskelgewebe der Frauen. Wie lässt es sich sonst erklären, dass unter Männern und Frauen mit gleicher Muskelmasse trotzdem die Männer im Durchschnitt die Schnelleren bleiben?

• Frauen sind im Schnitt – vom Sprint bis zum Marathon – neun bis elf Prozent langsamer als Männer, oder anders gesagt: ihre Muskeln offensichtlich ca. zehn Prozent leistungsschwächer als die der Männer. Der Grund liegt nicht in der – oft genannten – unterschiedlichen prozentualen Zusammensetzung von langsam und schnell kontrahierenden Muskelfasern, sondern in sehr viel diffizileren biochemischen Prozessen, die in Männer- und Frauenmuskeln unterschiedlich ablaufen.

Frauen brauchen besondere Laufschuhe

Früher machten sich Laufschuhhersteller nur wenig Gedanken über die anatomischen Eigenheiten von Frauen- gegenüber Männerfüßen. Was Männern passte, sollten auch Frauen tragen. Der Grund: Es liefen zu wenige Frauen, als dass es sich lohnte, eigens Laufschuhe für sie anzufertigen. Doch mit Beginn des Laufbooms in den achtziger Jahren nahm der Frauenanteil im Laufsport rapide zu. Damit wuchs auch das Interesse an der Läuferin als Konsumentin. Schnell erkannten die Laufschuhhersteller, dass spezielle Modelle für Frauen eine echte Marktlücke waren. Ruck, zuck wurden Männermodelle in kleineren Größen und in anderen Farben als so genannte Frauenmodelle produziert.

Allerdings ist der Frauenfuß nicht einfach ein kleiner Männerfuß.

Vier entscheidende Unterschiede zwischen Frau und Mann sind für die Entwicklung eines speziellen Frauenlaufschuhs von Bedeutung:

1. Der Frauenfuß ist im Durchschnitt schmaler als der von Männern. Außerdem ist der Frauenvorfuß im Vergleich zum Mann verhältnismäßig breiter als der Rückfuß. Konkret heißt dies, dass ein Frauenlaufschuh der Größe 39 – im Idealfall – insgesamt schmaler sein und einen verhältnismäßig schmaleren Rückfuß- und breiteren Vorfußbereich bieten sollte als ein entsprechendes Männermodell dieser Größe.

2. Deshalb liegt der entscheidende Unterschied zwischen den gleichen Männer- und Frauenschuhmodellen eines Herstellers in der Form des Leistens. Frauenleisten sind schmaler als Männerleisten. Der Leisten ist das Herz des Schuhs; auf ihn wird die Sohle aufgezogen und um ihn der gesamte Schuh aufgebaut.

3. Frauen haben breitere Hüften als Männer, was eine geänderte Winkelstellung der Beine zur Folge hat. Deshalb setzen Frauen ihre Füße näher an der Außenseite auf. Die Folge: Der Frauenfuß rollt stärker nach innen ab, Experten sprechen von einem höheren Grad der «Pronation». Dies wird leider nicht bei allen Frauenmodellen berücksichtigt. Frauen sind daher – unabhängig von der individuellen Fußstel-

lung – gut beraten, in Schuhen zu laufen, deren Innenseite verstärkt ist («Überpronationskontrolle»).

4. Frauen sind im Durchschnitt zehn Kilogramm leichter als Männer gleicher Schuhgröße. Deshalb benötigen Frauenschuhe verhältnismäßig weniger Dämpfung in der Zwischensohle, müssen andererseits aber flexibler sein. Denn letztlich bringt erst eine höhere Körpermasse die Elastizität eines Sohlenmaterials zum Tragen. Frauen haben aufgrund ihres geringeren Gewichts deshalb größere Probleme, in einem steifen Schuh natürlich abzurollen, als die schwereren Männer.

Darauf sollten Frauen beim Laufschuhkauf achten:

1. Frauen sind in der Regel mit speziellen Modellen besser bedient.

Wenn unter diesen Modellen allerdings keines den individuellen Ansprüchen des Fußes entspricht, beziehen Sie ruhig Männermodelle mit in die Auswahl ein.

2. Am wichtigsten ist die Passform im Fersenbereich. Achten Sie darauf, dass der Schuh in der Ferse gut sitzt und im Vorfußbereich weit genug, aber nicht zu weit ist.

3. Greifen Sie nie zu Schuhen, die zu klein sind, nur damit ein guter Fersensitz gewährleistet ist (denn dies taten früher – als es noch kaum Frauenmodelle gab – fast 90 Prozent aller Frauen). Ansonsten gelten für Frauen beim Laufschuhkauf dieselben Regeln wie für Männer. Die wichtigste: Zwischen der längsten Zehe und dem vorderen Rand des Schuhs sollte ein Fingerbreit Platz sein (siehe S. 24).

Spezial-BHs für den Sport

Frauen mit mittelgroßem oder großem Busen sind gut beraten, beim Laufen einen speziellen Sport-BH zu tragen. Dies ist nicht nur aus Gründen der Bequemlichkeit anzuraten, sondern auch unter physiologischen Aspekten. Denn die Haltestruktur der Bänder, die die Brüste in ihrer Form halten, leiert schneller aus, wenn die Brust beim Laufen ständig auf und ab wippt, was die Entwicklung zu Hängebrüsten fördert. Auch in Sachen Sport-BH war die Wissenschaft aktiv: So liefen im Rahmen einer amerikanischen Studie Frauen mit verschiedenen Oberweiten auf einem Laufband. Zuerst ohne BH, wobei eine Aufundabbewegung der Brüste von durchschnittlich 8,5 cm gemessen wurde. Mit einem normalen BH wurde dieses Auf und Ab um 32 Prozent reduziert, mit einem Sport-BH um weitere 21 Prozent.

Glücklicherweise gibt es mittlerweile eine nicht unbeträchtliche Modellauswahl verschiedener Hersteller.

So finden Sie den richtigen Sport-BH:

- Wählen Sie kein zu großes Modell. Wichtig ist, dass das funktionelle Stützband des Sport-BHs fest auf dem Brustkorb sitzt, ohne dass Sie sich eingeengt fühlen.
- Ziehen Sie den BH an, und strecken Sie die Hände über den Kopf. Der untere Bund, das Abschlussband, sollte etwas breiter sein und darf nicht nach oben rücken.

- Nicht alle Lauftops bieten ausreichend Halt, um als BH-Ersatz zu dienen, obwohl sie Sport-BHs sehr ähnlich sehen. Hüpfen oder laufen Sie auf der Stelle, um den Halt und die Bequemlichkeit zu überprüfen.
- Achten Sie auf die Fasermischung. Ein hoher Anteil von einem elastischen Material wie Lycra, Spandex oder Supplex gewährleistet, dass der Stoff ausreichend dehnbar ist und zugleich fest sitzt. Funktionsfasern wie Coolmax oder Tactel bieten einen guten Feuchtigkeitstransport und sind atmungsaktiv.
- Druckknöpfe, Reißverschlüsse oder Häkchen auf der Haut sind tabu. Überprüfen Sie genau den Verschluss, die Trägerriemen oder -klammern und die Nähte. Könnten diese einschneiden, drücken oder reiben? Auch das untere Band sollte weich sein, sonst könnte es nach kurzer Zeit auf der Haut scheuern.
- Um die Lebensdauer des BHs zu verlängern, achten Sie auf die richtige Pflege. Befolgen Sie die Waschanleitung genau. Nur bei einem ausdrücklichen Hinweis im Trockner trocknen.

Laufen während der Schwangerschaft

Frauen, die ihre sportliche Aktivität während der Schwangerschaft nicht gänzlich aufgeben wollen, fragen sich, wie weit sich Sport, insbesondere Laufen, mit einer Schwangerschaft verträgt. Fachleute waren lange unsicher und empfahlen höchstens Spazierengehen, Schwimmen oder Schwangerschaftsgymnastik. Sie befürchteten eine unzureichende Versorgung des Embryos mit Sauerstoff bei sportlichen Anstrengungen der Mutter. Neue Studien und die Erfahrungen vieler Frauen haben jedoch das Gegenteil bewiesen.

Ein dosiertes und der Schwangerschaft angepasstes Training hat eindeutig positive Auswirkungen auf Mutter und Baby. Die Studie eines Institutes in Cleveland (USA) belegt sogar, dass Frauen, die bis zur Geburt aktiv geblieben sind, weniger an Gewicht zunahmen, kürzere Geburten und weniger Kaiserschnitte (16 Prozent) hatten als Frauen, die auf Sport völlig verzichtet haben. Schwangerschaft und Geburt sind harte Arbeit, und die fällt leichter, wenn man körperlich fit ist. Noch wichtiger als die Kräftigung der Organe und der Muskeln ist jedoch die

Fähigkeit, loslassen zu können. Immer mehr Frauen wissen: Fitness- und Entspannungstraining gehören zusammen. Sie sind Energiequellen, die das körperliche und emotionale Wohlbefinden steigern. In der Schwangerschaft können lästige Begleiterscheinungen wie Übelkeit, Verstopfung, Krampfadern, übermäßige Gewichtszunahme oder Rückenschmerzen durch ein sanftes Training gelindert oder sogar ganz vermieden werden.

Der Maßstab für Häufigkeit und Intensität des Trainings sind individuelle Kondition und sportliche Erfahrung.

Die Entwicklung und Versorgung des wachsenden Babys beansprucht die körpereigenen Systeme wie ein leichtes sportliches Training. Das zeigt sich zum Beispiel an dem erhöhten Ruhepuls der Mutter. So kann das gewohnte sportliche Pensum ganz beruhigt reduziert werden, die Effektivität bleibt. Die Versorgung des Babys ist gesichert, denn das mütterliche Herz pumpt bei einer dosierten Belastung zirka elf Prozent mehr Blut durch den Organismus.

Schwangere, die sportlich aktiv bleiben oder werden möchten, sollten folgende wichtige Verhaltensregeln der Gynäkologin und Sportmedizinerin Dr. Mona Shangold beachten:

- Gewohntes beibehalten: Trainieren Sie in Ihrer Sportart weiter, solange Sie sich gut dabei fühlen. Reduzieren Sie das Pensum etwas. Jetzt ist nicht die Zeit für Leistungssteigerungen. Im letzten Drittel der Schwangerschaft fühlen sich die meisten Frauen in speziellen Schwangerschaftsfitnesskursen oder beim Einzelunterricht (Personal Training) am wohlsten. Auch Anfänger und Wiedereinsteiger sind hier am besten aufgehoben.
- Meiden Sie gefährliche Sportarten, bei denen es zu Stößen in den Bauch kommen kann, zum Beispiel Hockey, Fechten, Fußball; oder bei denen schwere Sturzgefahr besteht: Klettern, Reiten, Drachenfliegen, alpiner Skilauf; wenn extreme Tiefen- und Höhenunterschiede zu bewältigen sind: Tauchen und Bergsteigen.
- Richtig belasten: Der Puls sollte über einen längeren Zeitraum nicht über 130 bis 140 Schlägen pro Minute liegen, um eine optimale Versorgung des Fötus sicherzustellen.

- Cool down: Das Training immer ganz langsam beenden und die beanspruchte Muskulatur stretchen. Das verhindert Muskelkater und sorgt dafür, dass der Herzschlag des Fötus nicht abrupt abfällt. (In Ruhe schlägt das Herz des Fötus ungefähr doppelt so schnell wie das seiner Mutter, bei Belastung der Mutter erhöht sich der Herzschlag um zirka 5 bis 15 Schläge pro Minute.)

- Viel trinken: Eine ausreichende Flüssigkeitszufuhr ist von großer Wichtigkeit. Trinken Sie vor und während der Belastung viel stilles Mineralwasser. Das vermeidet eine gefährliche Überhitzung des Fötus. Luftdurchlässige Sportbekleidung sorgt ebenfalls dafür, dass die Körpertemperatur nicht zu stark ansteigt (die Regel der Mediziner lautet: 38,2 Grad Celsius sollten während der Anstrengungen nicht überschritten werden).

- Flexibel bleiben: Wechseln Sie die Sportart, wenn Sie sich nicht mehr wohl fühlen. Im Laufe der Schwangerschaft verändert sich der Körper. Mit zunehmendem Gewicht wird die Belastung für den Beckenboden und die Gelenke bei Sportarten wie Aerobic oder Joggen zu intensiv. Durch das Hormon Relaxin (wichtig, damit sich der Geburtskanal weiten kann) können sich Sehnen und Bänder lockern. Schwimmen, spezielle Aqua-Gymnastik oder Rad fahren sind dann viel besser geeignet.

- Hören Sie auf Ihren Körper. Vermeiden Sie Überlastungen. Bei Schwindelgefühlen, Krämpfen, plötzlich auftretenden starken Kopfschmerzen, bei Kurzatmigkeit und Blutungen stoppen Sie die Aktivitäten. Ziehen Sie den betreuenden Arzt zurate.

- Schwangere haben von Natur aus eine ganz besondere Antenne, die ihnen anzeigt, was für sie am besten ist. Folgen Sie dieser Intuition. Die meisten Schwangeren erleben durch das körperliche Training einen herrlichen Wohlfühleffekt. Wenn Ihnen nicht nach Sport zumute ist, gönnen Sie sich ruhig eine Pause, und setzen Sie sich keinesfalls unter Druck.

Der richtige **LAUFSTIL**

Zugegeben: Es gibt Wichtigeres beim Laufen als den Laufstil; das optimale Tempo beispielsweise oder das richtige Schuhwerk. Im Grunde können Sie laufen, wie Sie wollen. Ob dabei die Arme seitwärts pendeln oder parallel zum Körper, ob Sie kurze oder lange Schritte machen, ob Sie mit dem Vorfuß oder der Ferse aufsetzen – eigentlich spielt es keine entscheidende Rolle, wenn Sie lediglich zum Vergnügen laufen und nicht, um schneller zu werden oder gar um an Wettkämpfen teilzunehmen.

Doch wer den Laufstil optimiert, wird mit der Zeit nicht nur kraftsparender und daher schneller und länger laufen; er senkt auch das Risiko, von Überlastungsbeschwerden bzw. Verletzungen geplagt zu werden.

So sparen Sie Kraft

Der Laufstil ist abhängig vom Körperbau sowie der Struktur und Funktionalität von Muskeln und Gelenken, kurz: von der individuellen Statik. Deshalb sind Korrekturen am Laufstil nur sinnvoll, wenn damit der Bewegungsablauf, das heißt die Effektivität der Bewegung, verbessert wird. Denn je ökonomischer eine Bewegung abläuft, desto weniger Kraft muss für sie aufgewendet werden. Je geringer der Kraftaufwand bei jedem Schritt ist, desto länger halten die individuellen Kraftreserven vor. Folglich bedingt ein ökonomischer Laufstil ein größeres Leistungsvermögen als ein unökonomischer. Dies ist auch der entscheidende Grund, warum es überhaupt sinnvoll ist, einen Laufstil zu ändern.

Die folgenden Hinweise sollen dazu beitragen, die Arm- und Beinführung beim Laufen zu verbessern. Dies kann auch erfahrenen Läufern nicht schaden.

Die Armhaltung

Es gibt ästhetische und weniger schöne Formen des Laufens; das wird vor allem bei der Armhaltung deutlich. Bei einem idealen Laufstil sehen die Arm- und Beinbewegungen rund und synchron aus, sie korrelieren harmonisch.

- Die Ober- und Unterarme befinden sich etwa in einem rechten Winkel. Die Arme pendeln während des Laufens seitlich und nahe am Körper vorbei. Sie werden in der Pendelbewegung zwischen Brusthöhe (maximal) und Hosenbund geführt. Nicht zu weit bzw. zu hoch nach vorne ausschwingen: Das machen nur 100-m-Sprinter.
- Die Hände sind locker, offen und entspannt. Halten Sie die Handrücken seitwärts. Der Daumen liegt locker auf dem Zeigefinger auf.
- Die Augen sind etwa 10 bis 15 Meter voraus auf den Boden gerichtet, nicht zu weit nach vorne bzw. oben, aber auch nicht auf die Füße.

So ist gewährleistet, dass Sie nicht nur sehen, was Sie auf einem (eventuell unebenen) Weg erwartet, auch die Nackenmuskulatur bleibt locker.

- Der Oberkörper ist aufgerichtet und wippt beim Laufen kaum auf und ab. Nur dann ist die Wirbelsäule entlastet und kann über dem Körperschwerpunkt leicht und entspannt schwingen.
- Schulter- und Nackenmuskulatur sind entspannt. Die Schulter hat keinen Anteil an der Fortbewegung (nicht drehen), auch wenn man dies bei manchem Läufer vermutet.
- Versuchen Sie nicht, mit den Armen Schwung zu holen. Der Schritt- und der Pendelrhythmus von Beinen und Armen verläuft koordiniert und automatisch. Die Arme haben beim Langstreckenlauf keinen aktiven Anteil an der Fortbewegung, im Gegensatz zum Sprint, wo sie für zusätzlichen Schwung sorgen.

Die Beinbewegung

Ist der Schritt zu lang, setzt der Fuß zu weit vor dem Körperschwerpunkt auf, und der Schwung wird abgebremst. Ist der Schritt zu kurz, wird ebenfalls Energie verschenkt; dies geht auf Kosten des Lauftempos. Die Schrittlänge ist somit vom Lauftempo abhängig: Der Schritt ist umso länger, je kraftvoller und zügiger das Bein gestreckt wird und je höher das Knie angehoben wird. Ein Sprinter hat einen sehr viel längeren Schritt (und einen höheren Kniehub) als ein Langstreckenläufer, doch er muss ja auch weniger Meter zurücklegen. Dem Jogger geht es schließlich nicht darum, eine maximale Geschwindigkeit zu entwickeln, sondern einen Laufschritt zu finden, der bei höchstmöglichem Lauftempo den ökonomischsten Einsatz seiner Körperenergie garantiert. Versuchen Sie nicht, Ihre Schrittlänge bewusst zu beeinflussen, indem Sie einfach größere Schritte machen. Eine solche bewusste Verlängerung des Laufschritts kostet nur Energie und sieht außerdem komisch aus.

- Nehmen Sie bei jedem Schritt die Hüfte nach vorne, der Oberkörper ist aufgerichtet. Nicht ins Hohlkreuz fallen, aber auch nicht in sich zusammengesunken laufen. Der Körper sollte bei jedem Schritt eine Art Streckung erreichen. Dies vernachlässigen jedoch viele. Die Folge: Sie «sitzen» im Schritt. Ein solcher Laufstil ist ziemlich undynamisch.
- Nur wer den Schritt flach hält und dadurch Kraft spart, kann längere Strecken durchhalten.
- Versuchen Sie, den Fuß bei jedem Schritt bewusst so aufzusetzen, dass er nur knapp vor der Körperachse aufkommt. Der Körper ist ganz leicht vorgebeugt: So treffen Sie den Körperschwerpunkt am besten, und Sie verschwenden weniger Energie.

Schrittfrequenz erhöhen

Im Grunde gibt es nur zwei Wege, um schneller zu laufen: Man erhöht die Schrittfrequenz (ohne die Schrittlänge zu verkürzen), oder man erweitert die Schrittlänge (ohne die Schrittfrequenz zu reduzieren). Welche Methode ist die bessere?

Forschungsergebnisse sprechen für eine Erhöhung der Schrittfrequenz. Wissenschaftliche Untersuchungen ergaben, dass etwa 20 Prozent aller Läufer zu lange Schritte machen. Diese Schritte sind so lang, dass sie den Läufer selbst abbremsen, was der Laufökonomie sehr abträglich ist – der Laufstil ist nicht flüssig, sondern abgehackt. Mit einer Erhöhung der Schrittfrequenz könnte sich jedoch beispielsweise ein Läufer mit einer 10-km-Zeit von 45 Minuten um eine Minute verbessern, wenn er seine Schrittfrequenz von 85 auf 87 Schritte pro Minute (SpM) erhöhte.

Was aber ist die optimale Schrittfrequenz?

Wissenschaftliche Untersuchungen in den USA ergaben, dass die Schrittfrequenz von Eliteläufern fast immer bei 90–95 SpM liegt, während sie bei Durchschnittsläufern lediglich etwa 80–85 SpM beträgt. Da Sie aller Wahrscheinlichkeit nach zu der zweiten Gruppe gehören, sollte es Ihnen durch eine Erhöhung der Schrittfrequenz gelingen, Ihre Laufzeiten deutlich zu verbessern. Diese Methode ist nicht nur effektiv, sondern auch relativ einfach. Fangen Sie damit an, Ihre derzeitige Schrittfrequenz exakt zu bestimmen. Laufen Sie eine Minute lang im Wettkampftempo auf der Bahn beziehungsweise auf einer flachen Straße, und zählen Sie, wie oft Ihr rechter Fuß den Boden berührt. Liegt Ihre Frequenz bereits bei 90–95 SpM? Herzlichen Glückwunsch! Sie brauchen sich keine Sorgen über Ihre Schrittfrequenz zu machen. Liegt Ihre Frequenz jedoch beispielsweise bei 89 SpM oder darunter, sollten Sie spezielle Übungen in Ihr Trainingsprogramm einbauen, mit denen Sie Ihre Schrittfrequenz erhöhen:

- Machen Sie Wiederholungsläufe von 3 Minuten mit einer Schrittfrequenz von 92 SpM. Dabei zählen Sie zur Kontrolle Ihre Schritte alle 30 Sekunden.
- Wenn die Frequenz Ihrer SpM dabei unter 46 liegt, erhöhen Sie sie

während der folgenden 30 Sekunden.

- Nach dem 3-Minuten-Wiederholungslauf joggen Sie 3 Minuten locker und machen anschließend einen weiteren 3-Minuten-Lauf mit 92 SpM.
- Insgesamt sollten Sie 4 solcher Wiederholungsläufe absolvieren.

Luft holen – aber richtig

Starre Vorgaben zum Atemrhythmus und der Schrittfrequenz sind für Laufanfänger kaum hilfreich, im Gegenteil, häufig irritieren sie nur. Die Atmung vollzieht sich beim Laufen genauso automatisch wie im normalen Leben: Sie brauchen sie also gar nicht zu beachten.

Wer sich bewegt, holt sich Luft, und zwar in der Regel so oft, wie es nötig ist. Wenn Sie beim Atmen unbedingt an etwas denken wollen, dann vor allem an die Ausatmung. Atmen Sie besonders intensiv aus, denn je kräftiger Sie ausatmen, desto intensiver atmen Sie auch wieder ein. Durch ein bewusstes Ausatmen kann man auch die Kapazität der Lunge um fast ein Drittel erhöhen, das haben wissenschaftliche Untersuchungen bewiesen. In diesem Zusammenhang wird es Zeit, mit einem Mythos aufzuräumen, der sich hartnäckig nicht nur unter Sportlern hält: Durch den Sport, speziell den Ausdauersport, wird nicht die Lunge selbst vergrößert, sondern hauptsächlich die aktiv nutzbare Lungenkapazität. Ein gut trainierter Läufer kann also bei gleicher Lungengröße sehr viel mehr Luft einatmen als ein gar nicht oder nur wenig trainierter Sportler. Atemregeln hin oder her – es gibt eine Vorschrift, die ihre Berechtigung hat: Atmen Sie immer durch Mund und Nase. Nur dann ist gewährleistet, dass Sie die optimale Menge Luft in die Lunge aufnehmen. Wenn Sie nur durch den Mund atmen, können Sie bei weitem nicht so viel Sauerstoff tanken wie nötig, und eine mangelhafte Sauerstoffzufuhr schlägt sich natürlich in verminderter Leistungsfähigkeit nieder. Wer schon einmal mit einer verstopften Nase laufend unterwegs war, kann ein Lied davon singen.

Mit dem Pulsmessgerät trainieren

Für Anfänger ist der Pulsmesser ein Laufbegleiter, der zuverlässig darüber Bescheid gibt, ob das Tempo stimmt. Das ist wichtig, wissen doch gerade Anfänger meist nicht, wie sie verschiedene Laufintensitäten einzuschätzen haben. Läuft man zu schnell los, dauert das Läufchen nicht sehr lange, weil man aus der Puste kommt. Das Gegenteil, zu langsames Laufen, ist eigentlich überhaupt kein Grund zur Sorge, denn dabei kann man überhaupt nichts falsch machen.

Da der Pulsschlag der Gradmesser für die Belastungsintensität ist, zeigt er uns an, wenn wir an eine Leistungsgrenze stoßen. Er hält uns davon ab, uns zu verausgaben, er zügelt uns, sodass wir eine bestimmte Strecke bzw. Dauer unterwegs sein können, ohne nach Luft zu schnappen.

Für ambitionierte und erfahrene Läufer ist ein Pulsmessgerät Trainingsbegleiter und Kontrolleur zugleich. Denn wenn Sie Ihre Leistungsfähigkeit steigern wollen, geht dies nur über ein gezieltes Training, wobei die Trainingsdosis den entscheidenden Aspekt darstellt. Nur wer im Training die richtigen Geschwindigkeiten läuft und die Belastungen entsprechend dosiert, macht Fortschritte.

Der wichtigste Parameter bei effektivem Training ist die maximale Herzfrequenz. An ihr orientiert sich die jeweilige Laufintensität mithilfe prozentualer Angaben, wie wir dies auch in unseren Trainingsplänen praktizieren (z. B. «Intensität: 70 Prozent der Hfmax»). Wie Sie Ihre individuelle maximale Herzfrequenz (Hfmax) bestimmen, erfahren Sie im folgenden Kapitel.

So profitieren Sie vom Pulsmessgerät

- Lassen Sie sich vor dem Kauf den Brustgurt zeigen und probieren Sie ihn an. Einige Hersteller (z. B. Polar) bieten Brustgurte in drei unterschiedlichen Größen an.
- Interessant für Frauen: In spezielle Sport-BHs (z. B. von Triumph) lässt sich der Brustgurt integrieren.
- Lassen Sie sich nicht von einer Vielzahl von Funktionen beeindrucken, fragen Sie sich, was Sie

brauchen, und achten Sie beim Kauf vor allem auf eine gute Ergonomie und leicht verständliche Bedienung: Erfahrungsgemäß nutzen nur die wenigsten Läufer sämtliche Funktionen. Meistens wird nur gestoppt und die aktuelle Herzfrequenz abgelesen.

- Der Brustgurt sollte weit genug verstellbar sein: Er darf nicht kneifen, aber auch nicht zu locker sitzen. Test: Wenn Sie warmgelaufen sind, husten Sie mehrmals kräftig hintereinander. Der Brustgurt darf dabei nicht herunterrutschen, sonst sitzt er zu locker.
- Feuchten Sie die Sensoren des Senders am Brustgurt an, sonst dauert es eine Weile, bis die Messung erfolgen kann.
- Nach dem Lauf: Sender abtrocknen und von der Uhr entfernt aufbewahren, damit keine überflüssigen Werte übertragen werden (Batterie schonen).
- In der Nähe von Hochspannungsleitungen oder Eisenbahnanlagen können Übertragungsfehler entstehen; die Pulsanzeige stimmt dann nicht, entsprechend können dann auch die von einigen Geräten angezeigten Puls-Durchschnittswerte fehlerhaft sein.
- Wenn zwei oder mehrere Läufer einer Gruppe mit Pulsmesser laufen, kann es zu Übertragungsfehlern kommen. Tipp: Tragen Sie die Uhr am äußeren, Ihrem Laufpartner abgewandten Arm oder halten Sie etwas Abstand zueinander.
- Wasserdichte Pulsuhren können auch beim Schwimmen getragen werden, die Knöpfe sollten jedoch unter Wasser besser nicht bedient werden.

Die maximale Herzfrequenz

Die maximale Herzfrequenz dient als zuverlässiger Parameter für die Bestimmung der verschiedenen Belastungsstufen beim Laufen. Wir zeigen Ihnen, wie Sie die maximale Herzfrequenz bestimmen können und wie sich die jeweiligen Belastungsstufen von ihr ableiten.

Die Herzfrequenz ist eine individuelle Größe. Jeder Mensch hat einen eigenen Ruhe- bzw. Maximalpuls. Der Ruhepuls wird im Ruhezustand gemessen, am besten morgens vor dem Aufstehen. Er kann sich bei zwei Menschen gleichen Alters und Geschlechts mit gleicher Größe und

Gewicht um bis zu 50 Schläge pro Minute unterscheiden. Der Maximalpuls entspricht dem Wert, den man unter einer maximalen körperlichen Belastung misst.

Ausdauertraining führt zu einer Stärkung des Herz-Kreislauf-Systems. Zeichen für eine gute Ausdauerleistungsfähigkeit kann ein niedriger Pulswert sein. Sehr gut trainierte Sportler weisen Ruhepulswerte von 30 bis 36 Schlägen/Minute auf, ihr Maximalpuls kann weit über 200 Schläge/Minute reichen. Die Herzfrequenz ist also ein guter Gradmesser für die Leistungsfähigkeit des Körpers. Das heißt allerdings noch lange nicht, dass Läufer mit einem höheren Belastungspuls schlechtere Läufer sind. 5000-m-Olympiasieger Dieter Baumann ist zum Beispiel ein typischer «Hochpulser». Das heißt, er hat zwar insgesamt ein hohes Pulsniveau, ist aber trotzdem einer der besten Langstreckenläufer der Welt.

So bestimmen Sie den Maximalpuls

Bei körperlicher Belastung reagiert das Herz sofort, die Herzfrequenz steigt. Dabei wird die Anzahl der Schläge pro Minute zum Gradmesser für die körperliche Belastung. Je höher die Schlagzahl, desto höher die Belastung. Folglich lassen sich Belastungsstufen sehr exakt in Herzfrequenzwerten angeben. Daraus ergab sich (in den siebziger Jahren) die Trainingsmaxime «Trimming 130» für Hobbysportler. Dabei wurde von Leistungsphysiologen ein Herzfrequenzwert von 130 Schlägen pro Minute als empfehlenswerte Belastungseinheit für ein aerobes Training (d. h. mit ausreichend Sauerstoffzufuhr) empfohlen. Einziges Manko der gut gemeinten Gesundheitskampagne: Der Pulswert ist eben ein individueller Wert. Für den einen sind 130 Schläge pro Minute eine sinnvolle Belastung, für den anderen bedeuten sie schon eine Überbeanspruchung. Heute ist man dazu übergegangen, die Belastungsstufen in Prozentangaben des Maximalpulses festzulegen. Dazu muss der Sportler zunächst seinen persönlichen Maximalpuls ermitteln.

So geht's:
- Wärmen Sie sich 15 bis 20 Minuten locker auf. Laufen Sie danach fünfmal 3 Minuten, so schnell Sie können, mit Trabpausen von jeweils einer Minute.
- Messen Sie nach der letzten Belastung Ihren Puls. Dieser Wert ent-

spricht Ihrer maximalen Herzfrequenz.

- Wichtig: Diesen Test dürfen Sie nur durchführen, wenn Sie ganz gesund sind.

Die Herzfrequenz beim Dauerlauf

Ein effektives Lauftraining setzt sich aus verschiedenen Trainingselementen zusammen, die sich vor allem durch die Laufgeschwindigkeiten voneinander unterscheiden.
Die niedrigste Belastungsstufe ist der regenerative Dauerlauf, dessen Tempo unter 75 Prozent der maximalen Herzfrequenz liegt. Bei dieser Trainingsform gibt es eigentlich keine Belastungsuntergrenze. Die höchste Belastungsstufe stellt ein Wettkampf dar, dort gibt es zwar in der Schlussphase auch keine Belastungsobergrenze, aber Vorgaben zu Beginn des Rennens.

Langer Dauerlauf
- Herzfrequenz: 70–75 Prozent der maximalen Herzfrequenz

Mit dem niedrigsten Trainingstempo läuft man beim regenerativen Dauerlauf. Längere Läufe im niedrigsten Lauftempo (60 Minuten und länger) dienen der Verbesserung der Langzeitausdauer. Die Herzfrequenzmessung soll hier das Trainingstempo nicht antreiben, es gibt keine Pulsfrequenzuntergrenze.

Lockerer Dauerlauf

- Herzfrequenz: 75–85 Prozent der maximalen Herzfrequenz

Dieses Tempo entspricht dem «Wohlfühltempo». Eine Unterhaltung während des Laufens ist jederzeit möglich. Hier hat die Messung der Herzfrequenz eine Doppelfunktion: Als Begrenzung nach oben und als Antrieb, wenn das Tempo zu langsam werden sollte. Wichtig bei dieser Laufintensität ist, dass man während der ersten fünf bis zehn Minuten nach dem Start noch nicht auf die Herzfrequenz achtet. Erst nach Ablauf der Aufwärmphase entspricht die Herzfrequenz der tatsächlichen Belastungsintensität.

Eine Faustregel, die zu ungenau ist

«220 minus Lebensalter» lautet eine Faustregel zur Bestimmung der maximalen Herzfrequenz. Nicht zuletzt die Studien des Sportmediziners Dr. med. Kai Röcker zeigen, dass diese Formel nur bedingt akzeptabel ist. Über sieben Jahre lang hat Röcker fast 9000 Menschen getestet, vom Herzkranken bis zum Spitzensportler, und unter anderem deren maximale Herzfrequenz bestimmt. Etwa die Hälfte aller Probanden lag mit 10 bis 40 Schlägen über oder unter der per Formel errechneten maximalen Herzfrequenz. «Wir haben Leute untersucht, die zusammen trainieren und auch im Wettkampf gleich abschnitten, aber beim Dauerlaufen hatte einer 40 Schläge mehr als der andere», so Röcker.

Für alle, die sich im Training mit einem Herzfrequenzmessgerät kontrollieren wollen, hält Röcker eine einfache Methode bereit. Wer anfängt, Sport zu treiben, solle sich zunächst einmal gründlich von einem Arzt untersuchen lassen. Ist man kerngesund, empfiehlt der Sportmediziner einen Maximaltest. Der dann gemessene Puls spiegele, so Röcker, die maximale Herzfrequenz des Probanden besser wider als die Berechnung nach der verallgemeinernden Faustformel. Bei richtig bestimmter maximaler Herzfrequenz trage ein Herzfrequenzmesser dazu bei, dass sich der Sportler für seinen Körper sensibilisiere, fasst Röcker zusammen.

Die Umsatzrechnung muss stimmen

Laufen ist eine wunderbare Methode, um das Körpergewicht in den Griff zu bekommen: Es hilft beim Abnehmen und hält das Gewicht in einem gesunden Rahmen. Wenn von Gewichtsreduzierung die Rede ist, muss allerdings betont werden, dass Laufen alleine nicht ausreicht, damit die Pfunde purzeln. Parallel dazu spielt die Ernährung eine wichtige Rolle. Sportliche Betätigung allgemein, aber besonders Ausdauersport und hier vor allem das Laufen (weil es in kürzester Zeit den größten Erfolg bringt) sorgt dafür, dass Stoffwechselprozesse im Körper angeregt werden. Das bedeutet, dass zwar viele Kalorien verbrannt werden, man dadurch aber gleichzeitig auch wieder Hunger bekommt. Wer also das Laufen ausschließlich aus Gründen der Gewichtsabnahme beginnt, sollte sich im Klaren darüber sein, dass es kein Allheilmittel gegen Fettpolster ist und dass eine wichtige Grundregel beachtet werden muss: Wenn Sie mehr Kalorien aufnehmen als verbrennen, werden Sie nicht abnehmen. Für Ihre Fitness und Gesundheit ist Laufen aber immer ein Gewinn.

Wenn Sie ausschließlich laufen, um abzunehmen, dann können wir Ihnen nur wünschen, dass Sie während dieser Zeit Freude an der Bewegung in der freien Natur finden und schon bald vor allem deshalb die Laufschuhe schnüren. Nach kurzer Zeit wollen Sie das entspannende Gefühl nach dem Training gar nicht mehr missen.

Fett verbrennen durch Laufen

Mit Laufen verbrennen Sie optimal Kalorien. Dabei ist wichtig, in welchem Verhältnis Kalorienzufuhr (beim Essen) und Kalorienverbrauch (z. B. bei sportlicher Aktivität) zueinander stehen (siehe oben). Entscheidend ist außerdem, mit welcher Intensität Sie Sport treiben. Wer schnell läuft, verbrennt grundsätzlich mehr Kalorien als jemand, der lang-

sam läuft. Es ist deshalb falsch, wenn in den Medien behauptet wird, abnehmen («Fett verbrennen») würde man vor allem durch langsames Laufen. Wer durch langsames Laufen mehr abnehmen will als durch schnelleres Laufen, müsste konsequenterweise jeden Tag stundenlang unterwegs sein – und das will und kann wohl keiner. Die begrenzenden Faktoren sind nicht nur die Muskeln, Sehnen und Gelenke (vor allem beim schnellen Laufen, aber auch, wenn Sie stundenlang langsam unterwegs sind), sondern auch die zur Verfügung stehende Zeit. Der Mittelweg führt zum Ziel:

- Laufen Sie möglichst regelmäßig und abwechslungsreich.

- Gönnen Sie Ihrem Körper Zeit, sich zu erholen (Ruhetage).

Wenn Sie dreimal pro Woche laufen, dann sollten Sie einmal etwas länger, aber langsam unterwegs sein, einmal kürzer, aber flotter und einmal in einem Tempo, das Ihnen beliebt, eventuell mit kleinen Temposteigerungen zwischendurch. Diese Bewegungsform verbraucht übrigens besonders viele Kalorien.

Wussten Sie, dass auch in den Stunden nach dem Laufen weiter Kalorien verbrannt werden («Nachbrenneffekt»)? Dies ist vor allem nach schnelleren Läufen der Fall oder nach Läufen mit Tempowechseln.

Wie viel man abnimmt, ist unabhängig davon, ob man im Körper eingelagertes Fett verbrennt (in Unmengen als Brennstoff vorhanden) oder Glykogen (Zucker ist in weit geringeren Mengen als «Schnellbrennstoff» in den Muskeln bzw. der Leber eingelagert). Es kommt darauf an, eine große Gesamtmenge an Kalorien zu verbrennen, und dafür ist Laufen die beste Methode, lediglich übertroffen durch sportliches Skilanglaufen (nicht Wandern mit Langlaufski).

Der Anteil der Fettverbrennung an der Energiebereitstellung ist lediglich für Marathonläufer ein wichtiger Faktor. Hintergrund: Der Körper holt sich den Brennstoff zur Energiegewinnung bei einer stundenlangen Belastung wie dem Marathonlauf zunächst durch die schnell verfügbaren Kalorien aus den Glykogenspeichern (Zuckerkalorien). Gehen diese zu Ende, denn der Vorrat ist begrenzt (er kann allerdings durch Training vergrößert werden), schaltet der Körper auf Fettverbrennung um. Beim schnellen Laufen holt sich der Körper automatisch die Energie aus den Glykogenspeichern. Wenn diese Speicher sich zu leeren beginnen, wird mehr und später auch hauptsächlich Fett verbrannt (in geringem Maße auch Eiweiß). Diese Umstellung von Zucker- auf Fettverbrennung macht sich beim Marathon durch den «Mann mit dem Hammer» bemerkbar. Zwischen 30 und 40 Kilometern fühlt man sich plötzlich wie k. o. geschlagen.

Um möglichst lange von den Zuckervorräten in den Glykogenspeichern zu profitieren und den Körper an die Umstellung der Brennstoffe zu gewöhnen, werden lange Läufe in langsamem Tempo empfohlen. Daraus ist das Missverständnis entstanden, man müsse langsam laufen, um möglichst viel Fett zu verbrennen.

Kann man Fettpolster gezielt abbauen?

Auch wenn Ihnen die Werbung verspricht, dass sich Fett am Bauch oder an der Hüfte mit bestimmten Geräten bzw. Übungen zum Verschwinden bringen lässt, glauben Sie dies bitte nicht uneingeschränkt. Der Körper legt Fettreserven in der Muskulatur oder in der Leber an, die für die spä-

tere Produktion von Energie vorgesehen sind. Darüber hinaus finden sich derartige Energiespeicher auch verteilt im Unterhautgewebe, wo sie – sofern im Übermaß vorhanden – oft als störend empfunden werden. Die örtliche Verteilung dieser Fettreserven im Unterhautgewebe ist sehr individuell. So kann man zum Beispiel einen typischen männlichen bzw. weiblichen Fettverteilungstyp ausmachen, der uns angeboren ist: Bei Männern ist Fett oft in Hüft- und Bauchbereich, bei Frauen auch an den Oberschenkeln oder an den Oberarmen angelagert.

Ein körperliches Training kann nicht systematisch bestimmte Fettspeicher angreifen. Fett wird vom Körper global genutzt und über den Blutkreislauf zu den Energie verbrauchenden und Fett verbrennenden Muskeln transportiert. In der Regel erfolgt der Abbau von Fett ohne Rücksicht auf die Art der körperlichen Beanspruchung und ist allenfalls von der genetischen Veranlagung abhängig. Das bedeutet, dass das Fett in bestimmten Körperregionen trotz aller Gewichtsreduktion immer am längsten verweilt. Eine Kräftigung der jeweils benachbarten Muskulatur hat allenfalls die positive Auswirkung, dass das Massenverhältnis zugunsten der Muskeln verschoben wird und dadurch eine veränderte und meist günstigere Konstitution und Gewebestraffung eintritt.

Der Body-Mass-Index

Der Body-Mass-Index erlaubt eine exakte Einordnung in verschiedene Gewichtsklassen in Abhängigkeit von der Körpergröße. Um den BMI zu ermitteln, teilen Sie Ihr Gewicht durch die Körpergröße zum Quadrat oder schauen Sie einfach in der Tabelle nach. Wenn Sie z. B. 1,80 m groß sind und 85 kg wiegen, haben Sie einen BMI von 26. Unser Beispiel hat leichtes Übergewicht.

Untergewicht < 18,5
Normalgewicht 18,5–25
Übergewicht 25–30
Krankhaftes Übergewicht > 30

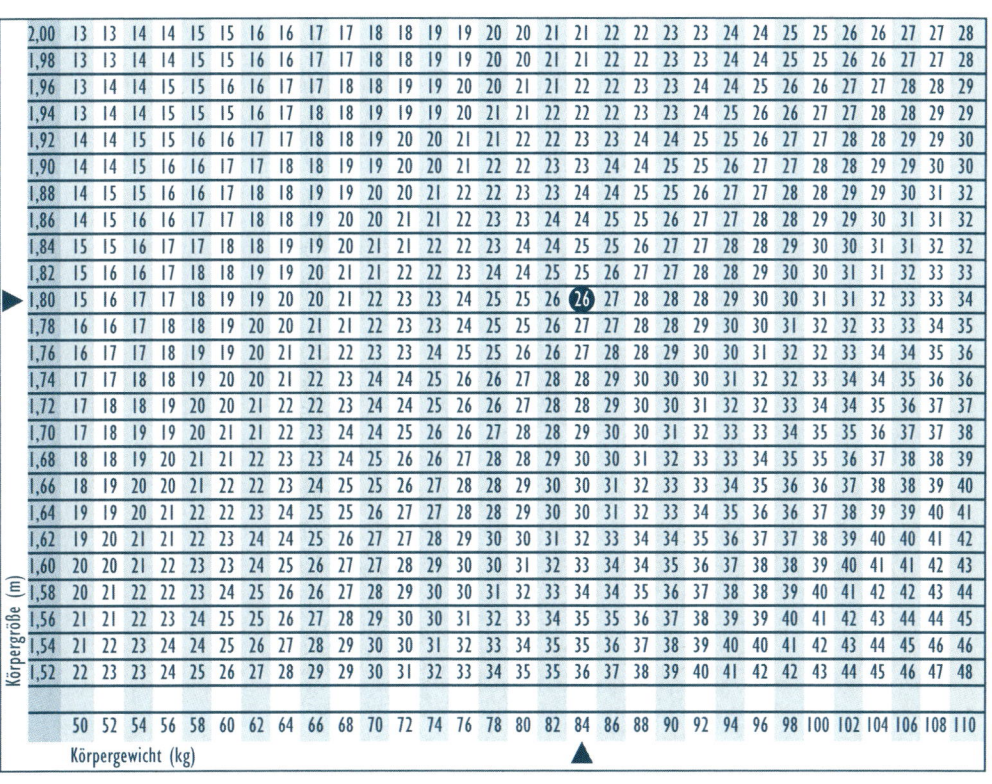

Körpergröße (m)	50	52	54	56	58	60	62	64	66	68	70	72	74	76	78	80	82	84	86	88	90	92	94	96	98	100	102	104	106	108	110
2,00	13	13	14	14	15	15	16	16	17	17	18	18	19	19	20	20	21	21	22	22	23	23	24	24	25	25	26	26	27	27	28
1,98	13	13	14	14	15	15	16	16	17	17	18	18	19	19	20	20	21	21	22	22	23	23	24	24	25	25	26	26	27	27	28
1,96	13	14	14	15	15	16	16	17	18	18	19	19	20	20	21	21	22	22	23	23	24	24	25	26	26	27	27	28	28	29	
1,94	13	14	14	15	15	16	16	17	18	18	19	19	20	20	21	21	22	22	23	23	24	24	25	26	26	27	27	28	28	29	29
1,92	14	14	15	15	16	16	17	17	18	18	19	20	20	21	21	22	22	23	23	24	24	25	25	26	27	27	28	28	29	29	30
1,90	14	14	15	16	16	17	17	18	18	19	19	20	20	21	22	22	23	23	24	24	25	25	26	27	27	28	28	29	29	30	30
1,88	14	15	15	16	16	17	18	18	19	19	20	20	21	22	22	23	23	24	24	25	25	26	27	27	28	28	29	29	30	31	32
1,86	14	15	16	16	17	17	18	18	19	20	20	21	21	22	23	23	24	24	25	25	26	27	27	28	28	29	29	30	31	31	32
1,84	15	15	16	17	17	18	18	19	19	20	21	21	22	22	23	24	24	25	25	26	27	27	28	28	29	30	30	31	31	32	32
1,82	15	16	16	17	18	18	19	19	20	21	21	22	22	23	24	24	25	25	26	27	27	28	28	29	30	30	31	31	32	33	33
1,80	15	16	17	17	18	19	19	20	20	21	22	23	23	24	25	25	26	26	27	28	28	28	29	30	30	31	31	32	33	33	34
1,78	16	16	17	18	18	19	20	20	21	21	22	23	23	24	25	25	26	27	27	28	28	29	30	30	31	32	32	33	33	34	35
1,76	16	17	17	18	19	19	20	21	21	22	23	23	24	25	25	26	26	27	28	28	29	30	30	31	32	32	33	34	34	35	36
1,74	17	17	18	18	19	20	20	21	22	23	24	24	25	26	26	27	28	28	29	30	30	30	31	32	32	33	34	34	35	36	36
1,72	17	18	18	19	20	20	21	22	22	23	24	24	25	26	26	27	28	28	29	30	30	31	32	32	33	34	34	35	36	37	37
1,70	17	18	19	19	20	21	21	22	23	24	24	25	26	26	27	28	28	29	30	30	31	32	33	33	34	35	35	36	37	37	38
1,68	18	18	19	20	21	21	22	23	23	24	25	26	26	27	28	28	29	30	30	31	32	33	33	34	35	35	36	37	38	38	39
1,66	18	19	20	20	21	22	22	23	24	25	25	26	27	28	28	29	30	30	31	32	33	33	34	35	36	36	37	38	38	39	40
1,64	19	19	20	21	22	22	23	24	25	25	26	27	27	28	28	29	30	30	31	32	33	34	35	36	36	37	38	39	39	40	41
1,62	19	20	21	21	22	23	24	24	25	26	27	27	28	29	30	30	31	32	33	34	34	35	36	37	37	38	39	40	40	41	42
1,60	20	20	21	22	23	23	24	25	26	27	27	28	29	30	30	31	32	33	34	34	35	36	37	38	38	39	40	41	41	42	43
1,58	20	21	22	22	23	24	25	26	26	27	28	29	30	30	31	32	33	34	34	35	36	37	38	38	39	40	41	42	42	43	44
1,56	21	21	22	23	24	25	25	26	27	28	29	30	30	31	32	33	34	35	35	36	37	38	39	39	40	41	42	43	44	44	45
1,54	21	22	23	24	24	25	26	27	28	29	30	30	31	32	33	34	35	35	36	37	38	39	40	40	41	42	43	44	45	46	46
1,52	22	23	23	24	25	26	27	28	29	29	30	31	32	33	34	35	35	36	37	38	39	40	41	42	42	43	44	45	46	47	48

Körpergewicht (kg)

Sie haben inzwischen Freude am Laufen gefunden und gemerkt, wie Sie allmählich auch längere Strecken durchhalten können und durchaus in der Lage sind, ab und zu auch schneller zu laufen. Jetzt sind Sie vielleicht neugierig zu erfahren, wie Sie systematisch an Ihrer Leistungsfähigkeit feilen können. Keine Sorge: Wir wollen aus Ihnen keinen Leistungssportler machen, doch warum nicht ein bisschen mehr aus sich herausholen, ein bisschen die Grenzen ausloten und sehen, wozu Sie in der Lage sind? Wir geben Ihnen hier einige der wichtigsten Hinweise und Tipps, worauf Sie achten sollten, wenn Sie der absoluten Anfängerphase entwachsen sind und in den nächsten Leistungsbereich vordringen wollen. Weitere und vor allem ausführlichere Anleitungen finden Sie in unserem Buch «Lauftrainer 5 bis 10 Kilometer» (inkl. Trainingsplänen für verschiedene Leistungsklassen; erschienen bei rororo sport).

Eigentlich ist es ganz einfach: Schneller wird nur, wer ab und zu auch schneller läuft. Die Trainingsintensität ist der Faktor mit dem nachhaltigsten Einfluss auf den Fitness-Level. Will man sein Leistungsvermögen verbessern, ist es notwendig, auch so genannte anaerobe Energiesysteme zu trainieren, um Belastungsverträglichkeit und Schnelligkeit zu steigern.

Beim anaeroben (intensiven) Training werden «Puffersubstanzen» im Blut gebildet, welche die unter Belastung anfallende Milchsäure im Blut abfedern und eine höhere Übersäuerung ermöglichen. Ohne ein solches spezielles Training lässt sich ein hohes Tempo nicht über einen längeren Zeitraum durchhalten. Schnelle Läufe – Tempodauerläufe oder kürzere Tempoläufe – passen durchaus auch ins Programm eines ambitionierten Hobbyläufers. Im Allgemeinen gilt für solche Tempoprogramme: Was dem Leistungssportler zum Herauskitzeln seiner Leistung recht ist, ist dem Hobbysportler in abgemilderter Form zur Verbesserung seines allgemeinen Gesundheits- und Fitnesszustandes nur billig.

Vor allem wenn Sie an Wettkämpfen teilnehmen wollen, sollten Sie Ihr Training so gestalten, dass Ausdauer- und Tempobelastungen gleichermaßen angesprochen werden. Konkret heißt das, Sie trainieren zwar mindestens 75 % Ihres Kilometerumfangs pro Woche im niedrigen bis mittleren Intensitätsbereich (aerober Bereich), aber zusätzlich auch im Bereich des individuellen «Schwellentempos» (aerob-anaerober Bereich) sowie im sehr hohen Intensitätsbereich (anaerober Bereich). Wer sein Schwellentempo nicht kennt, für den gibt es eine einfache Faustregel, es zu bestimmen: Wenn Sie sich noch unterhalten können, befinden Sie sich klar unterhalb Ihrer individuellen Schwelle. Der Grenzbereich ist dann erreicht, wenn Sie nicht mehr ohne weiteres sprechen können, aber noch bequem eine halbe Stunde weiterlaufen könnten. Dies ist das Tempo, das am effektivsten den Stoffwechsel trainiert und in dem Sie ein- bis maximal zweimal pro Woche (nur wenn der Umfang des anderen Trainings im niedrigen Dauerlauftempo hoch ist) für zirka 20 bis 30 Minuten laufen sollten.

Intervalltraining

Das Zauberwort zum Leistungsschub heißt «Intervalltraining». Bei dieser Trainingsmethode wechseln sich schnelle Läufe mit langsamen Trab- oder Gehpausen ab. Intervalle gelten heute auch aus wissenschaftlicher Sicht als effektivste Trainingseinheiten. Der beste Ort für ein Intervalltraining ist eine Laufbahn. Da ein Intervalltraining auf genau vorgegebene Belastungswiederholungen und -pausen aufbaut, ist man auf exakt ausgemessene Strecken angewiesen, und die bietet eben nur eine Laufbahn. Intervalltraining muss keineswegs monoton und langweilig sein, machen Sie daraus eine abwechslungsreiche Trainingsform! Wir zeigen, wie's geht:

1. Länge der Belastungen

Die Belastungen erstrecken sich von 200 bis 2000 Meter. Längere Wiederholungen (über 1000 Meter) dienen dem Training der aeroben Fähigkeiten bzw. der spezifischen Ausdauerentwicklung, kurze 200- oder 400-m-Intervalle dem anaeroben Training, das heißt der Ausbildung von Schnelligkeit.

2. Länge der Belastungspausen

In den Pausen sollte zwischen den Belastungen der Puls auf mindestens 70 % der maximalen Herzfrequenz hinabsinken.

3. Anzahl der Belastungsintervalle

Ein guter Einstieg zum Intervalltraining sind z. B. fünf 400-m-Wiederholungen. Haben Sie diese Distanz im Griff, steigern Sie die Zahl auf acht Wiederholungen. Wer sich an 200-m-Intervallen versucht, kann auch mit sieben oder acht Belastungen bei entsprechender Trab- oder Gehpause beginnen. Wer längere Distanzen bevorzugt (z. B. 800 m), beginnt mit drei Wiederholungen.

4. Belastungstempo

Ihr Wettkampftempo ist ein wichtiger Gradmesser für die Intensität der Intervalleinheiten. 200-m-Wiederholungen sollten etwa Ihrem 5-km-Wettkampftempo entsprechen, 400-m-Wiederholungen etwas langsamer (1 – 5 sek) als das 5-km-Renntempo sein, 800- oder 1000-m-Wiederholungen etwa dem 10-km-Renntempo entsprechen. Das Problem: Um Ihr Renntempo zu kennen, müssen Sie auch schon an Rennen über die entsprechenden Distanzen teilgenommen haben. Haben Sie das bisher nicht, müssen Sie sich auf Ihr Gefühl verlassen und den Grundsatz beherzigen: Die letzte Belastung sollte genauso schnell sein wie die erste, und zum Abschluss des Trainings sollten Sie sich zwar ausgelastet, aber nicht überlastet fühlen.

Fahrtspiel

Wem das Intervalltraining zu starr und die Rundendreherei zu eintönig ist, für den gibt es eine ausgezeichnete Tempo-Alternative: Das Fahrtspiel in der Variante des Fahrtspiel-Intervalltrainings. Ein Fahrtspiel sollte auf weichem Boden im Wald, möglichst in leicht profiliertem Gelände, auf nicht abgemessenen Strecken durch-

geführt werden. Nach einer Aufwärmphase von 15 Minuten wechseln sich verschieden lange Laufabschnitte in unterschiedlichem Lauftempo ab, vom zügigen Dauerlauf bis zum Sprint, dazwischen wird locker getrabt. Das Fahrtspiel schreibt dem Läufer im Grunde kein genaues Trainingspensum vor, man bestimmt das Tempo und die Länge der einzelnen Teilstücke selbst. Beim Fahrtspiel liegt es also im Ermessen des Läufers, wann und wie lange er welches Tempo läuft.

Zur Orientierungshilfe: Ein Fahrtspiel kann kurze Sprints über 50 bis 100 Meter Länge umfassen, schnelle Abschnitte über 30 Sekunden bis drei Minuten und zügige Passagen von über drei Minuten Dauer.

Tipp: Wählen Sie während einer Belastung feste topographische Ziele, bis zu denen ein angeschlagenes Tempo durchgehalten wird (bis zur nächsten Bank, der kommenden Weggabelung usw.).

Worauf laufe ich AM BESTEN?
Verschiedene LAUFUNTERGRÜNDE im Vergleich

Abwechslung bringt Schwung – im Leben wie beim Laufen. In diesem Kapitel zeigen wir Ihnen, welche Vor- und Nachteile verschiedene Lauf-

untergründe bieten, und bewerten sie dann mit einer Punktzahl (Maximalwert: 10).

Asphalt

Asphaltierte Wege und Straßen zählen neben befestigten Naturwegen zu dem Terrain, auf dem sich die Läuferinnen und Läufer in unseren Breitengraden am häufigsten bewegen. Oft hat man die freie Auswahl zwischen diesen beiden Belägen, meist besteht eine Laufroute aus einer Kombination der beiden.

Vorteil
Flottes, gleichmäßiges Laufen möglich. Bei Bergaufstrecken besserer Abdruck als auf befestigten Naturstraßen oder auf schmalen Trails. Geeignet auch bei Beschwerden im Bereich der Achillessehne, da der Auftritt berechenbarer und gleichmäßiger ist als auf Naturwegen oder Trails, wo jeder Schritt und Auftritt bzw. Abstoß variiert.

Nachteil
Wer dämpfende Beläge sucht, wird eher auf Wald- und Feldwege oder Rasenflächen ausweichen. Bei Rückenproblemen sollten Sie Asphaltbeläge meiden, vor allem das Bergablaufen: Was sich auf Asphalt bergauf positiv niederschlägt (siehe oben), wirkt sich beim Bergablaufen negativ aus. Der Staucheffekt ist höher als beim Bergablaufen auf Naturwegen.

Koordinativ gute Läufer gleichen dies mit einer speziellen Lauftechnik aus: kleine Schritte, wobei der Oberkörper nach vorne gebeugt wird und nicht nach hinten gelehnt.

Asphaltierte Wald- oder Feldwege, aber auch Bürgersteige, weisen manchmal eine Neigung zu beiden Seiten auf. Um einseitige Belastungen zu vermeiden, laufen Sie entweder abwechselnd mal rechts und mal links oder in der Wegmitte.

Außerdem:
Amerikanische Wissenschaftler fanden heraus, dass sich der Fuß bzw. Schritt des Läufers instinktiv dem Bodenbelag anpasst. Je härter der Belag, desto länger verweilt der Fuß am Boden, um damit den Aufprallschock besser dämpfen zu können. Bei nassem Asphalt ist übrigens die Bremswirkung geringer und dementsprechend der Dämpfungseffekt etwas besser als bei trockenem Asphalt.

Fazit
An Asphalt führt nahezu kein «Weg» vorbei. Es gibt kaum einen Grund, ihn zu meiden, wohl aber genügend gute Gründe, ihn gezielt in eine ausgewogene Mischung von Laufstrecken bzw. -belägen einzubeziehen.
Gesamtpunktzahl: 7,5

Sand

Für die meisten von uns ist das Laufen im Sand die klassische Urlaubsalternative. Mehr als bei den meisten anderen Belägen gibt es hier ein deutliches Pro und Contra.

Vorteil
Beim Barfußlaufen wird die Fuß- und Beinmuskulatur gekräftigt und die Koordination geschult.

Nachteil
Laufen im Sand kann sehr kräftezehrend sein. Laufen Sie deshalb so nah an der Wasserlinie wie möglich, da

hier der Sand am härtesten ist und Sie nicht bei jedem Schritt einsacken. Oft sind Strände an der Wasserlinie mehr oder weniger stark zum Wasser hin abfallend. In einem solchen Fall sollten Sie nicht zu lange in eine Richtung laufen, da die einseitige Belastung zusammen mit dem ungewohnten Belag Überlastungsbeschwerden provoziert. Besonders gefährdet: Achillessehne und Knie. Laufen Sie lieber mit Laufschuhen als barfuß, vor allem, wenn Sie länger als 20–30

Minuten unterwegs sind. Barfuß zu laufen erfordert eine vorsichtige und schrittweise Gewöhnung.

Fazit

Die Dosis macht's. Wer übertreibt, hat schnell Probleme. Beginnen Sie mit kleiner Dosis und steigern Sie langsam. Auf keinen Fall gleich mit langen Barfußläufen loslegen.
Gesamtpunktzahl: 5

Kunststoffbahn

Kunststoffbahnen werden meist wenig genutzt und warten geradezu darauf, dass sich Läufer auf ihnen tummeln. Warum nicht ein Training auf der Bahn mit Barfußlaufen auf dem Rasen verbinden?

Vorteil

Der Dämpfungsgrad solcher Bahnen ist recht gut. Stark dämpfende Laufschuhe vermitteln allerdings zusammen mit dem weichen Belag das Gefühl, auf Watte zu laufen. Dann fehlt der richtige «Griff», der dynamische Abdruck leidet. Das Laufen auf einer solchen Bahn ist ideal für Tempoläufe bzw. dafür, ein Tempogefühl zu entwickeln. Frauen, die allein laufen, fühlen sich auf einer Bahn oft sicherer als im Wald.

Nachteil

Runden drehen kann auf Dauer langweilig sein und den Kopf ermüden. Manchmal sind Kunststoffbahnen eingezäunt und nicht für jeden zugänglich. Reden Sie in diesem Fall mit dem Platzwart oder mit dem jeweiligen Betreiber.

Fazit

Eine Alternative, mehr nicht, die allerdings sinnvoll ist und für Läuferinnen und Läufer in Großstädten oft mehr Bedeutung hat als für die Glücklichen, die aus dem Haus heraus ins Grüne laufen können.
Gesamtpunktzahl: 6

Naturwege

Der befestigte breite Naturweg ist das in unseren Breitengraden am meisten von Läufern bevölkerte Laufterrain. Nirgends sonst besteht eine derartige Vielfalt von Laufwegen durch die Natur wie in Deutschland, der Schweiz und Österreich.

Vorteil

Höhere Dämpfung als bei Asphalt, da der oberste dünne Belag von Sand und Steinchen den Fuß bei jedem Auftritt etwas rutschen lässt, deutlich mehr als auf Asphalt. Bei gut gepflegten Wegen ergeben sich nahezu ähnlich positive Bedingungen wie auf Asphalt.

Nachteil

Größerer Kraftaufwand als beim Laufen auf Asphalt, vor allem bei Bergaufpassagen, da bei jedem Schritt ein leichtes Wegrutschen nicht zu vermeiden ist und dies je nach Sohlenprofil mehr oder weniger stark ausfällt. Bei schlechter Pflege sind diese Wege oft uneben bzw. seitlich abfallend. Tipp für letzteren Fall: Die Seite regelmäßig wechseln, damit keine einseitige Belastung auftritt.

Fazit

Dies sind im Schnitt die besten Laufwege. Sie führen hinaus in die Natur und sind in der Regel völlig verkehrsfrei.

Gesamtpunktzahl: 8

Trails

Der Begriff «Trail» beschreibt jene schmalen Pfade durch Wälder oder Wiesen, die teils ausgetreten, teils grasbedeckt sind und nicht gepflegt werden.

Vorteil

Zurück zur Natur: Nirgends fühlt man sich mehr inmitten der Natur als auf solchen Pfaden. Sie sind die ideale Abwechslung innerhalb eines Trainingslaufs; zudem fördert das Laufen auf Trails die bei vielen Läufern eher mangelhafte Koordination. Jeder Schritt fällt anders aus, da Gebüsch, Wurzeln und andere Hindernisse für eine Unterbrechung des Schrittrhythmus sorgen.

Nachteil

Nicht für Tempoläufe geeignet. Erhöhte Achtsamkeit ist bei jedem Schritt gefordert, um z. B. ein Umknicken zu vermeiden (genau dies fördert wiederum die Koordination). Höherer Kraftaufwand als beim Laufen auf Naturwegen.

Fazit

Wer einen oder gar mehrere Trails in seinem Laufrevier hat, kann sich glücklich schätzen. Tragen Sie beim Laufen am besten Laufschuhe mit weniger Dämpfung (geringere Gefahr, umzuknicken) und griffigem Sohlenprofil.
Gesamtpunktzahl: 9

Laufband

Im Winterhalbjahr eine ideale Alternative, die nicht nur Vorteile gegenüber vereisten und zugeschneiten Wegen bietet. Voraussetzung für ein gutes Training sind hochwertige Laufbänder, die in erster Linie in Fitness-Studios zu finden sind.

Vorteil

Gute Dämpfung bei erstklassigen Laufbändern. Hervorragende Möglichkeit, auch bei schlechten Außenbedingungen ein hochwertiges Training durchzuführen. Schulung des Laufstils gut möglich, verschiedene Tempoeinstellungen (Bergaufpassagen in verschiedenen Prozentgraden, auf guten Bändern sogar Bergabpassagen, Pulsmessanzeige). Für jedes Leistungsniveau geeignet.

Nachteil

Es ist für manche gewöhnungsbedürftig, auf der Stelle zu laufen. Für wirklich gute Laufbänder (im fünfstelligen Preisbereich) muss man die Gebühren von Fitness-Studios in Kauf nehmen. Die angezeigte Geschwindigkeit unterscheidet sich ein wenig von der im Freien, weil der Luftwiderstand fehlt – das erschwert die Übertragbarkeit.

Fazit

Warum nicht mal etwas anderes ausprobieren? Laufbandtraining ist hoch effektiv und bringt Abwechslung. Wenn das Fitness-Studio zudem eine Sauna bietet, ist dies eine hervorragende Winteralternative. Gesamtpunktzahl: 6

8 Gründe, die für ein Laufbandtraining sprechen

1. Winter

Draußen friert und schneit es, die Wege sind vereist. Nicht nur dass ein Training unter diesen Bedingungen wenig Spaß macht, auch die Verletzungsgefahr ist bei Kälte und vereisten Wegen höher. Grund genug, ein Fitness-Studio aufzusuchen (oder, die teurere Variante, sich ein Laufband zuzulegen). Nutzen Sie die Gelegenheit, an den Kraftgeräten etwas zur Stärkung Ihrer Rumpfmuskulatur zu tun.

2. Hitze

Im Sommer gibt es Tage, an denen Hitze und hohe Luftfeuchtigkeit das Laufen stark erschweren – äußerst ungünstige Trainingsbedingungen. Fitness-Studios sind in der Regel gut klimatisiert und somit an ganz heißen Sommertagen ein idealer Schlupfwinkel für ein Training auf dem Laufband.

3. Beruf

Leider liegen nur die wenigsten Büros direkt an einem schönen Park oder Wald, die zu einem kleinen Lauf in der Mittagspause einladen. Ein Fitness-Studio ist dagegen fast immer in erreichbarer Nähe. Warum also nicht zwischendurch einige schnelle Schritte auf dem Laufband zurücklegen? Danach fühlen Sie sich wie neugeboren!

4. Familie

Die Familie beansprucht viel Zeit, aber Sie wollen auf Ihr Lauftraining nicht verzichten? Die beste Möglichkeit, beides zu verbinden, ist das Laufband im Heimbetrieb.

5. Tempo

Das Lauftempo lässt sich nirgends besser bestimmen als auf einem Laufband. Sie geben vor, wie schnell das Band sich bewegt bzw. wie schnell Sie laufen wollen. Das Band kennt nur das programmierte Tempo, und das ist gleichmäßig.

6. Steigungen

Ein dosiertes Hügeltraining ist eine der wirkungsvollsten Trainingsmethoden, um die Laufleistung zu steigern. Laufbänder sind in der Regel höhenverstellbar, das heißt, man kann auf ihnen verschiedene Steigungsgrade einstellen und somit perfekt Hügelprogramme imitieren und bei Bedarf ausbauen. Vom leichten Hügel bis zum steilen Gebirgspfad – die Steigungsgrade reichen bis zu 25 Prozent.

7. Sicherheit

Ein Laufband steht im Fitness-Studio oder zu Hause. Beides Orte, an denen Sie sicher sind. Wer Angst vor Hunden hat oder – vor allem im Winter – ungern im Dunkeln allein unterwegs ist, für den geht kein Weg am Laufband vorbei.

8. Verletzungen

Ein gutes Laufband entspricht in etwa Bodenverhältnissen im Wald. Ein solcher Untergrund empfiehlt sich beispielsweise in der Regenerationsphase nach Verletzungen. Außerdem geht es auf dem Laufband immer nur geradeaus, so werden einseitige Belastungen wie auf einer Rundbahn oder einem seitlich abfallenden Straßenrand vermieden. Wer häufig auf dem Laufband trainiert, bleibt deshalb von Achillessehnen- oder Knieproblemen eher verschont als Läufer, die nur in der freien Natur trainieren; das haben auch wissenschaftliche Untersuchungen in den USA gezeigt.

Tipps fürs Laufband

- Beginnen Sie mit mindestens 5 Minuten im flotten Gehschritt.
- Halten Sie eine Trinkflasche bereit, ein Handtuch sollte ebenfalls nicht fehlen.
- Wer es mag: Laufen mit Musik ist beim Laufbandtraining äußerst sinnvoll.
- Die Laufbekleidung sollte der im Hochsommer entsprechen, sonst laufen Sie heiß.
- Zur Abwechslung ab und zu das Tempo leicht steigern.
- Die letzten 10 Minuten betont langsam auslaufen.
- Die letzten 5 Minuten gehen (cool down).
- Anschließend empfiehlt sich ein leichtes Stretchingprogramm.

Finnenbahn

Benannt nach den im Sommer von Läufern benutzten, aber im eigentlichen Sinne für Skilangläufer angelegten Rundkurse, die mit Rinde und Sägemehl unterlegt sind. Die einige hundert Meter bis mehrere Kilometer langen Strecken gibt es nicht nur in Finnland, sondern auch in Norwegen und Schweden.

Vorteil

Hervorragende Dämpfung; Kräftigung der Fuß- und Unterschenkelmuskulatur. Ähnlich wie beim Laufen auf Trails oder im Sand ist es ratsam, keine Laufschuhe mit dicken, dämpfenden Sohlen zu tragen, da sonst die Gefahr besteht, umzuknicken. Finnenbahnen sind meist auch landschaftlich schön angelegt. Ähnlich wie die Kunststoffbahn sind sie ein relativ sicheres Laufrevier für Frauen, die allein laufen.

Nachteil

Wer eine Trainingsbestzeit erzielen will oder einen Zweistundenlauf plant, läuft besser nicht auf einer Finnenbahn. Oft sind sie nur wenige hundert Meter lang. Finnenbahnen müssen regelmäßig gewartet werden, sonst werden sie zu Stolperbahnen.

Fazit

Eine optimale Unterlage für alle, die den ultimativ gedämpften Laufbelag suchen.
Gesamtpunktzahl: 8

Gras

Da bei uns großflächige Parkanlagen mit gepflegtem Rasen selten sind und zudem häufig ein «Betreten verboten!»-Schild droht, fallen hauptsächlich Sportplätze großer Vereine oder auch Universitäts-Sportanlagen in diese Kategorie.

Vorteil

Optimale Dämpfung, die geradezu
dazu herausfordert, barfuß zu laufen.
Hervorragende Möglichkeit, die Fuß-
und Unterschenkelmuskulatur zu
kräftigen; daneben fördert das Gras-
laufen Laufstil und Koordination.

Nachteil

Bei schlecht gepflegtem Rasen besteht
die Gefahr, umzuknicken oder sich
(beim Barfußlaufen) durch Gegen-
stände (Scherben usw.) zu verletzen.
Wegen eingeschränkter Fläche für
längere Läufe weniger geeignet, da
es schnell langweilig wird, im Kreis
zu laufen.

Fazit

Wer die Möglichkeit hat, auf Gras zu
laufen, sollte sie unbedingt nutzen.
Am besten nach dem Lauf noch zehn
Minuten barfuß auf dem Rasen traben
bzw. dies mit Stretching mischen.
Wenn Sie mit Schuhen auf Gras laufen, sollten diese möglichst keine
allzu dicke Sohle haben, da sonst die
Gefahr des Umknickens größer ist, am
besten also mit Wettkampfschuhen.
Gesamtpunktzahl: 9

Ein bisschen **KRAFT** muss sein

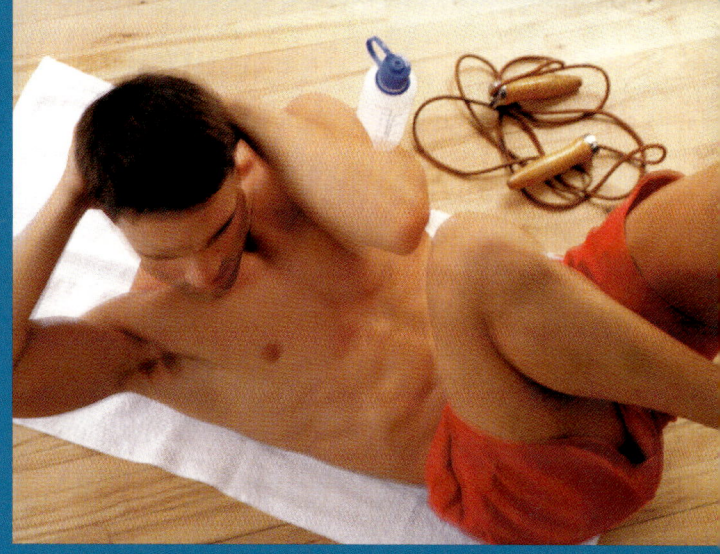

Es soll Menschen geben, in der überwiegenden Mehrzahl Männer, die der Meinung sind, die Bauchmuskulatur wäre allein dafür da, dass man sein Leben lang auf einen Waschbrettbauch hinarbeitet. Den bekommen Sie aber nicht allein mit den hier gezeigten Übungen: Erst wenn die Fettschicht über dem geriffelten Bereich abtrainiert ist, lässt sich vor Publikum etwas hermachen mit der Bauchpartie. Und das Fett ist viel einfacher und deutlich schneller mit Ausdauertraining und kontrollierter Nahrungsaufnahme abtrainierbar als mit Sit-ups und anderen Kräftigungsübungen.

Viele Läufer messen der Kräftigung der Rumpfmuskulatur keine oder zu wenig Bedeutung zu. Erst wenn Probleme auftreten, werden sie sich des Defizits bewusst. Spätestens beim Bandscheibenvorfall kommen die guten Vorsätze. Doch warum so lange warten? Vorbeugen heißt die Devise, und mit Kräftigungsübungen lässt sich ein Muskelkorsett aufbauen, das nicht nur vor Überlastungsschäden schützt, sondern auch noch eine bessere Körperspannung ermöglicht, was sich in besseren Laufleistungen niederschlägt. Nicht umsonst zählen Kräftigungsprogramme zum Standard-Repertoire von Eliteläufern. Denn vom Laufen allein wird weder die Bauch- noch die Rückenmuskulatur so gekräftigt, dass sie die nötigen Haltefunktionen erfüllen könnte. Daher muss sie zusätzlich spezifisch trainiert werden. Dies gilt auch für die Teile der Beinmuskulatur, die beim Laufen nicht so stark belastet werden, z. B. die Adduktoren und Abduktoren.

Bauchmuskulatur

Nachdem das so genannte Klappmesser zum Glück endgültig der Vergangenheit angehört, weil die Übung unter anderem die Lendenwirbelsäule belastet, spricht man heute von Crunch, Plural: Crunches. Das Wort entstammt genauso dem Englischen wie Sit-up, dem Vorgänger des Crunch; ein Begriff, der sich wohl auch deshalb nicht durchsetzte, weil er das «Aufsitzen» quasi im Wort mitführte, und auch das belastet die Lendenwirbelsäule überaus ungünstig.

Beim Crunch dagegen (engl. zusammendrücken, zermalmen) konzentriert sich der Bewegungsablauf hauptsächlich auf die Bauchmuskulatur, ohne dabei andere Partien zu überlasten. Die Beine bzw. die Lendenwirbelsäule haben somit keinen Anteil mehr an der Übung; die Bauchmuskeln werden isoliert trainiert.

Crunch-Varianten

Dabei werden vor allem die geraden Bauchmuskeln belastet, jedoch wird – wie übrigens bei allen Übungen für die gerade Bauchmuskulatur – auch die schräge Bauchmuskulatur aktiviert. Sind die Füße fixiert, z. B. indem die Unterschenkel auf der Sitzfläche eines Stuhls oder Sessels aufliegen, wird die Bauchmuskulatur nicht so effektiv trainiert wie bei den hier gezeigten Übungsvarianten. Die Verwendung von leichten Zusatzgewichten auf der Brust zeigte sich bei speziellen Kraftmessungen als nicht bedeutend effektiver.

Tipp: Effektiver für die Belastung der geraden Bauchmuskulatur als in der flachen Liegeposition sind Crunches auf der Schrägbank (Kopf nach unten); dies gilt allerdings nicht für die schräge Bauchmuskulatur.

Vorsicht: Personen mit Bandscheibenbeschwerden sollten sehr vorsichtig üben. Wählen Sie einen Hüftgelenkswinkel, der deutlich kleiner ist als 90 Grad (siehe Variante 2). Bei akuten Rückenschmerzen verzichten Sie lieber auf die Übung.

Basisübung
- Der Rücken liegt flach am Boden (kein Hohlkreuz!), die Beine sind etwa im 90-Grad-Winkel (am Knie) abgeknickt, die Füße stehen mit der Ferse am Boden auf.

- Hände seitlich am Kopf (an den Ohren), Kopf und Schulter anheben (Kopf bildet mit der Wirbelsäule eine Linie), sodass die unteren drei Viertel des Rückens am Boden bleiben. Eine Spannung im Bauch wird spürbar.
- In der Endposition eine Sekunde lang Position halten, dann wieder absenken.
- Übung ruhig durchführen, nicht schnell bzw. hastig. Ausatmen beim Anheben des Oberkörpers.
- 15 – 25 Wiederholungen, 3 – 4 Sätze

Die Bauchmuskulatur

Sie stabilisiert zusammen mit den Rückenmuskeln den gesamten Rumpfbereich, bildet gewissermaßen ein Korsett, besonders wichtig für die Position des Beckens und der Wirbelsäule. Meist ist die Bauchmuskulatur im Verhältnis zur Rückenmuskulatur schwächer; auch der umgekehrte Fall kommt vor. Wer die Rückseite kräftigt, darf also die Vorderseite nicht vernachlässigen und umgekehrt.

Bei den Bauchmuskeln unterscheidet man zwischen geraden und schrägen Bauchmuskeln (innere und äußere); außerdem gibt es den queren Bauchmuskel (M. transversus abdominis) und den viereckigen Lendenmuskel (M. quadratus lumborum), die zu dieser Muskelgruppe zählen.

Variante 1

Die Arme gestreckt in Verlängerung des Rumpfes. Diese Variante ist anspruchsvoller als die Basisübung, da die Hebelwirkung größer ist (größere Muskelbeanspruchung).

Variante 2

Die Beine anziehen, der Hüftwinkel ist kleiner als 90 Grad, die Arme sind in Verlängerung des Rumpfes gestreckt. Bei dieser Übung wurden von allen Bauchmuskelübungen (oberer Bereich, ohne Einsatz von Geräten) die stärksten Belastungen gemessen (für Rücken-Rekonvaleszenten eher geeignet).

Variante 3

Gedrehter Crunch mit angehobenen Beinen: Ein Bein wird über das andere geschlagen, der entsprechend gegenüberliegende Arm wird durch die Lücke geschoben (schräge Bauchmuskulatur).

Basisübung

Variante 1

Variante 2

Variante 3

Seitlicher Unterarmstütz

Diese Übung ist besonders geeignet zur Kräftigung der schrägen Bauchmuskulatur. Es ist eine statische Übung (die Muskulatur verrichtet Haltearbeit).

- Ruhig durchatmen, die Position 15 – 30 Sekunden halten, dann absetzen.
- Nicht ratsam für Personen mit schwachen Knie-Außenbändern.

- 5 – 15 Wiederholungen (je nach Kraftzustand), 3 – 4 Sätze.

Variante 1 u. 2

Für Fortgeschrittene (bzw. besonders Kräftige): die freie Hand nach oben strecken. Diese Variante erfährt eine Steigerung, indem auch noch das obere Bein nach oben abgespreizt wird (Hampelmann).

Variante 1

Rückenstrecker

Der Rückenstrecker (bzw. die unter diesem Oberbegriff erfasste Muskulatur) ist der wichtigste Muskel zur Stabilisierung der Wirbelsäule. Er verläuft in zwei Strängen beidseitig der Wirbelsäule vom Nacken bis zum Becken. Besonders im Lendenwirbelbereich ist er gut zu spüren.

Beinrückheben (jeweils ein Bein)

- Bauchlage, rechter Arm nach vorne-oben gestreckt, linker Arm im rechten Winkel dazu; linkes Bein anheben, halten, ablegen.
- Pro Bein/Arm (jeweils gegensätzlich) 15–20 Wiederholungen, 3 Sätze.

Diagonalstreckung

Dabei wird zusätzlich zum unteren Bereich des Rückenstreckers auch die Gesäßmuskulatur sowie die Muskulatur des Schultergürtels beansprucht. Diese Übung ist die klassische Präventionsübung gegen Rückenbeschwerden.

- Aus der Bankstellung linken Arm und rechtes Bein (bzw. umgekehrt) bis in die waagerechte Position anheben, der Blick ist auf den Boden gerichtet (nicht nach vorne!).
- Position 3–5 Sekunden halten, dann Knie und Arm einziehen, bis sie sich berühren.
- 15–20 Wiederholungen pro Arm-/Beinpaar, 3–5 Sätze.

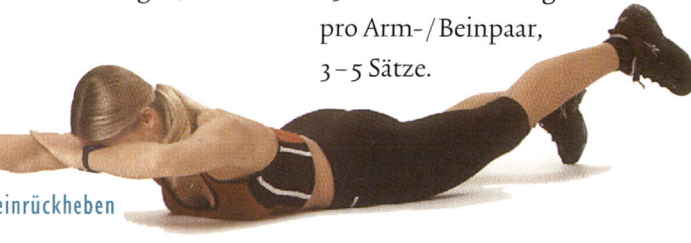

Beinrückheben

Diagonalstreckung

Adduktoren und Abduktoren

Eigentlich zählen diese Muskelgruppen nicht mehr zur Rumpfmuskulatur, und doch sind sie für Läufer sehr wichtig, denn durch Geradeauslaufen werden sie nicht optimal ausgebildet. Im Fitness-Studio gibt es dafür schöne Maschinen, doch genauso effektiv können Sie dies zu Hause im Wohnzimmer üben.

Adduktoren
(Oberschenkel-Innenseite)
- Stabile Seitenlage, das rechte Bein ist ca. 90 Grad in der Hüfte geknickt, das Knie berührt den Boden.

- Das linke Bein (Fußspitze angezogen, Fuß parallel zum Boden) anheben und wieder ablegen.
- 15 – 20 Wiederholungen, 3 – 5 Sätze.

Abduktoren
(Oberschenkel-Außenseite)
- Seitenlage, die gestreckte Hüfte am Boden, das untere Bein ist gestreckt (etwas unstabilere Lage) bzw. leicht angewinkelt (stabiler).
- Das obere Bein (gestreckt) maximal nach oben bringen.
- 15 – 20 Wiederholungen, 3 – 5 Sätze.

Adduktoren

Abduktoren

Brust und Oberarme

Wir laufen zwar immer noch mit den Beinen, und die Bauch- bzw. Rückenmuskulatur hat einen entscheidenden Anteil an unserer Körperhaltung, auch beim Laufen, aber wozu brauchen wir kräftige Oberarme, wenn wir keine Karriere als Möbelpacker anstreben? Wer ab und zu sportlich schwimmen geht, weiß, wozu die Muskulatur des Oberkörpers nützlich ist. Sie gehört ebenso zum Komplex der Rumpfmuskulatur wie die hier vorgestellten anderen Muskelgruppen, und es soll gar Läufer geben, die nach einem Marathon Muskelkater in den Armen hatten, weil sie es nicht gewohnt waren, stundenlang auf den Beinen zu sein und mit den Armen zu pendeln. Das muss nicht sein, und außerdem profitieren Sie in der kommenden Badesaison mit einem etwas sportlicheren Auftritt. Kaum eine Muskelgruppe lässt sich ohne Gewichte und Maschinen so effektiv und einfach trainieren wie die Brust- und Oberarmmuskulatur.

Liegestütz

Er ist der Klassiker unter den Kräftigungsübungen. Verschiedene Varianten mit veränderter Armstellung sorgen für jeweils unterschiedliche Belastungen.

Variante 1

- Die Hände zeigen nach vorne und liegen schulterbreit auf.
- Der Körper ist gestreckt, die Füße sind etwa hüftbreit aufgestellt.
- 8–12 Wiederholungen, 2–3 Sätze.

Variante 2

- Breite Armstellung, die Ellbogen zeigen nach außen. Hier kommt weniger der große Brustmuskel als vielmehr der Trizeps zum Einsatz. Es ließ sich übrigens mittels Messungen nicht bestätigen, dass diese Variante den großen Brustmuskel stärker aktiviert als Variante 1.
- 12–20 Wiederholungen, 3–5 Sätze.

Variante 1

Variante 2

Die folgenden Stretchingübungen sind ein Minimalprogramm für alle Läuferinnen und Läufer. Die Dehnübungen sollten vor allem nach dem Lauf durchgeführt werden, eignen sich aber auch für den Hausgebrauch oder die Arbeitspause im Büro.

Gedehnt wird dabei vor allem die beim Laufen am meisten beanspruchte Beinmuskulatur: der Wadenmuskel und die Achillessehne, der vordere Oberschenkelmuskel und der hintere Oberschenkelmuskel, außerdem die Adduktoren sowie die Rücken- und Rumpfmuskulatur.

Welcher Läufer stretcht schon gerne?

Stretching ist für die meisten Läufer ein Fremdwort. Oder sagen wir einmal: regelmäßiges und richtiges Stretching. Hier ein bisschen dehnen und vielleicht da noch ein wenig, die klassische Wadendehnung vor und nach dem Lauf und dann noch ein bisschen die Füße in die Hand und den Oberschenkel dehnen – na ja, Stretching kann man das beim besten Willen nicht nennen, höchstens vielleicht Alibi-Dehnen gegen das schlechte Gewissen. Die Bedeutung des regelmäßigen Dehnens der Muskulatur wird den meisten erst klar,

wenn es zu spät ist und die Verletzung zum Pausieren zwingt. Wer könnte nicht aus eigener Erfahrung hinzufügen: Und wenn's wieder läuft mit dem Laufen, dann denkt man auch nicht mehr ans Stretching.

Wichtig ist das Dehnen aber vor allem nach dem Laufen. Das muss nicht unmittelbar im Anschluss passieren; machen Sie es sich zu Hause bequem, und stretchen Sie auf dem Wohnzimmerboden, warum nicht vor dem eingeschalteten Fernseher. So manche Sendung lässt sich sowieso nur mit Zusatzbeschäftigung ertragen …

Stretching: So geht's

Die wichtigsten Prinzipien und Regeln im Überblick:

1. Dehnen Sie gleichmäßig und langsam; Wippen ist out.
2. Atmen Sie normal, ruhig und gleichmäßig, vor allem keine Pressatmung.
3. Dehnen Sie in das Dehnungsgefühl hinein, aber nicht über den Schmerzpunkt hinaus.
4. Vermeiden Sie es, schmerzende Muskeln oder Sehnen zu dehnen (z. B. Achillessehne: Hier ist eine Massage bzw. Eisbehandlung besser angebracht).
5. Ausführlich dehnen sollten Sie vor allem nach der Belastung. Halten Sie die Dehnung 20 bis 30 Sekunden, und wiederholen Sie dies zwei- bis dreimal.
6. Das Dehnen nach der Aufwärmphase, z. B. vor einem Tempotraining oder einem Wettkampf, dauert lediglich rund zehn Sekunden; ansonsten geht die Muskelspannung verloren.

Wadenmuskel

Dehnung der Wadenmuskulatur (Zwillingswadenmuskel) im Stand

- Das Kniegelenk ist durchgestreckt, Oberkörper und gestrecktes Bein bilden eine Linie. Die Ferse wird quasi in den Boden gedrückt.
- **Variante:** Abstützen gegen eine Wand, einen Baum, Laternenpfahl usw.
- Sie spüren die Dehnung im mittleren und oberen Bereich des Wadenmuskels.

Dehnung der Wadenmuskulatur auf einer Treppe oder einer Leiter

- Am besten durchführbar ist diese Übung auf einer Treppenstufe oder wie hier auf einer Leiter.
- Sie spüren die Dehnung im unteren Bereich des Wadenmuskels.
- Wer anfällig ist für Achillessehnenbeschwerden, sollte diese beiden Übungen unbedingt zum Pflichtprogramm machen.

Die Wadenmuskulatur

Die hintere Unterschenkelmuskulatur gehört zu den kräftigsten Muskelgruppen des Körpers. Bei jedem Laufschritt hebt sie das gesamte Körpergewicht vom Boden. Ungefähr in Unterschenkelmitte gehen der Zwillingswadenmuskel und der Schollenmuskel in eine gemeinsame Sehne über, die Achillessehne, die am Fersenbeinhöcker ansetzt.

Ein nicht oder nur schlecht dehnungsfähiger Wadenmuskel sorgt für Achillessehnenbeschwerden. Um Achillessehnenproblemen vorzubeugen, ist es ratsam, das Zusammenwirken der verschiedenen Beinmuskeln zu berücksichtigen, also nicht alleine die Wadenmuskulatur und die Achillessehne zu dehnen, sondern auch die vordere und hintere Oberschenkelmuskulatur. Achillessehnenbeschwerden entwickeln sich bei Nichtbeachtung zu einer Achillessehnenentzündung, die bei entsprechender Nichtbehandlung auch einen chronischen Verlauf nehmen kann. (siehe S. 134 ff.)

Vorderer Oberschenkelmuskel

Der Quadrizeps lässt sich auf mehr-
fache Weise dehnen: im Liegen (seitlich), im Liegen (auf dem Bauch), auf
einem Bein kniend (das kniende Bein
ist das zu dehnende) und im Stand
(vorteilhaft vor allem, wenn man im
Freien ist und die anderen Übungsvarianten nicht oder nur schwer
möglich sind).

Dehnen im Stand

Falls es keine Möglichkeit gibt, sich
zwecks besserer Stabilität irgendwo
festzuhalten, dann strecken Sie den
freien Arm wie eine Balance-Stange
seitlich weg.

- Halten Sie mit der freien Hand den
  Fuß, und ziehen Sie mit ihm das
  Bein gegen das Gesäß. Oberkörper
  und Standbein bilden eine Linie.
- Typischer Fehler: ins Hohlkreuz
  fallen. Wer keine Standprobleme
  hat, kann den Fuß auch mit beiden
  Händen fassen.

Dehnen im Liegen (seitlich)

- Die freie Hand liegt zwecks besserer Stabilität unter dem Kopf gestreckt. Auch in dieser Lage bitte kein Hohlkreuz!

- Fassen Sie den Fuß bzw. Schuh zwischen Fußrückenmitte und Zehenspitze.

Der Quadrizeps

Der Quadrizeps ist der größte und kräftigste Muskel, den wir haben. Wie sein Name besagt, ist er durch vier Muskelanteile bzw. Köpfe gekennzeichnet. Seine Hauptaufgabe: Er streckt das Bein im Kniegelenk aus der Beugeposition hinaus. Gleichzeitig beugt ein Teil dieses Muskels auch das Hüftgelenk. Daneben kommen dem Quadrizeps auch wichtige stabilisierende Funktionen zu, weswegen es gerade für Läufer ratsam ist, die Oberschenkelmuskulatur zu kräftigen, denn so lassen sich Knieprobleme verhindern. Eine Überlastung des Quadrizeps kann zu Schmerzen an der Kniescheibe führen.

Adduktoren

Sitzen mit eingewinkelten Beinen
- Die Fußsohlen stoßen aneinander, die Ellbogen drücken die Knie nach unten.
- Schön langsam in den Widerstand hineindehnen.

Rückenlage
- Die gespreizten Beine mit den Händen halten und nach au-ßen/unten drücken.
- Diese Übung lässt sich leichter durchführen, wenn Sie sich so an eine Wand legen, dass das Gesäß dort anstößt und die Beine «an der Wand entlang» gespreizt werden.

Variante: In dieser Position in den Schneidersitz gehen und die Knie mit den Händen in Richtung Wand drücken.

Im Ausfallschritt

- Das Gewicht liegt über dem Knie des gebeugten Beins.
- Den Oberschenkel des ausgestellten Beins nach unten drücken, Gewicht leicht nach links (bzw. rechts) verlagern.

Die Adduktoren

Diese Muskelgruppe liegt an der Innenseite des Oberschenkels und hat die Funktion, das Bein zur Körpermitte heranzuziehen und im Hüftgelenk zu beugen. Die Adduktoren helfen, den Körper auf dem jeweiligen Standbein zu stabilisieren; sie ziehen dabei den Körperschwerpunkt (Körpermitte) über den Fuß des Standbeins. Langstreckenläufer sind im Vergleich zu Fußballspielern, Eishockeyspielern oder Eisschnellläufern in dieser Körperregion relativ wenig geplagt. Doch wer sich zur Abwechslung einmal mit Inline-Skates fortbewegt, weiß schnell, um welche Muskeln es sich hier handelt. Das heißt nicht, dass man als Läufer diese Muskelgruppe vernachlässigen kann, denn im Zusammenhang mit muskulären Dysbalancen bzw. verkürzten Muskeln des Oberschenkels spielen Kraft und Flexibilität der Adduktoren durchaus eine wichtige Rolle. Als Läufer sollten Sie sowohl die Adduktoren als auch die Abduktoren kräftigen und dehnen.

Rückenstrecker

Eine Übung zur Dehnung der Rückenstrecker ist der «Katzenbuckel». Die umgekehrte Variante ist das «Päckchen», bei dem man auf dem Rücken liegend die Beine anzieht und mit den Armen zusammenfaltet. Bei beiden Übungen wird über den dadurch entstehenden Rundrücken die lange Rückenmuskulatur gedehnt.

- Die Arme etwa schulterbreit aufsetzen und aus der normalen Position in den «Katzenbuckel» gehen.
- Verändert man den Abstand zwischen aufgesetzten Händen und Knien, werden unterschiedliche Bereiche des Rückens gedehnt.

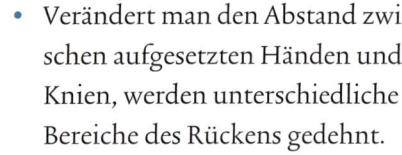

Der Rückenstrecker

Der Rückenstrecker (M. erector spinae) hat durchaus eine wichtige Bedeutung für Läufer, denn spätestens beim Bandscheibenvorfall wird man deutlich daran erinnert, wie wichtig die Kräftigung und Dehnung dieser Körperregion ist. Eine gut gekräftigte Rumpfmuskulatur stützt und schont die Wirbelsäule. Je nach Statik und Laufstil beklagt so mancher Läufer Rückenbeschwerden, vor allem nach langen Läufen. Das liegt unter anderem daran, dass die meisten Läufer Kräftigungsübungen vernachlässigen bzw. gar nicht durchführen und eine unterentwickelte Rücken- bzw. Rumpfmuskulatur aufweisen.

Hintere Oberschenkelmuskulatur

Drei Dehnungsvarianten:
im Stehen (mit und ohne Auflagehilfe
für das zu dehnende Bein), auf einem
Bein kniend und in der Rückenlage.
Bei der letzteren Variante (keine Ab-
bildung) liegt ein Bein flach auf dem
Boden, während Sie das andere (möglichst gestreckt bzw. nur leicht gebeugt) mit den Händen zu sich ziehen, so weit dies möglich ist (mit Hilfe
eines Handtuchs geht dies einfacher).

Im Stehen
- Der Fuß des zu dehnenden Beines
  setzt mit der Hacke auf (nicht den
  ganzen Fuß aufsetzen, evtl. eine
  Stütze benutzen, z. B. eine kleine
  Treppenstufe bzw. eine Schwelle).
- Fußspitze anziehen, der Oberkör-
  per wird nach vorne gebeugt (wich-
  tig: kein Rundrücken!), bis Sie ein
  Dehnungsgefühl spüren.

Kniend
- Den Oberkörper nach vorne brin-
  gen.
- Ganz wichtig: Gerade halten, kein
  Rundrücken, sonst ist die Übung
  wert- und zwecklos.

Die Beugemuskeln des Oberschenkels

Die ischiocrurale Muskulatur bereitet all jenen Läufern Probleme (und Schmerzen), die 1. zu wenig dafür gesorgt haben, dass dieser Bereich flexibel bleibt, bzw. 2. diese Muskulatur über ihre Verhältnisse belastet haben, also zu schnell oder zu lange gelaufen sind. Diese Muskelgruppe sorgt als Gegenspieler zum Quadrizeps dafür, dass das Bein im Kniegelenk gebeugt wird. Ist diese Muskulatur zu unflexibel bzw. verkürzt, kann dies weit reichende Auswirkungen haben, und zwar auf die Wadenmuskulatur inkl. Achillessehne, aber auch auf die Rückenmuskulatur. Gerade hierbei wird deutlich, dass Dehnen ein sehr komplexes Thema ist und nicht auf eine oder zwei Regionen beschränkt bleiben sollte.

Rumpfmuskulatur

Dehnung der seitlichen Rumpfmuskulatur.

oben-seitlich weg und stabilisieren
die Position.

Freihändig
- Die geschlossenen Beine seitlich
  ablegen und in die entgegenge-
  setzte Richtung blicken.
- Die Schultern bleiben am Boden,
  die Knie sollten sich im Idealfall berühren, was dem einen oder anderen zu Beginn schwer fallen könnte.
- Die Arme liegen entspannt nach

Mit Druckhilfe
- Bei dieser Variante der nebenste-
  hend beschriebenen Übung drückt
  die linke Hand das rechte Knie nach
  unten; dadurch wird eine Intensi-
  vierung des Dehnvorgangs erzielt.
- Da die meisten Läuferinnen und
  Läufer relativ hüftsteif sind, sollten
  sie diese Variante bevorzugen.

FIT *wie geplant*

Trainingspläne für Laufeinsteiger

Mit unseren Trainingsplänen sind Erfolgsergebnisse vorprogrammiert. Wir bieten mehrere Trainingspläne, von denen Sie sich je nach Leistungsstand einen aussuchen können, vom blutigen Anfänger bis hin zum Marathonläufer.

Erläuterungen zu den Begriffen und Abkürzungen der Trainingspläne:

DL	= Dauerlauf
TP	= Trabpause (Pause zwischen Belastungen)
Langsamer DL	= Puls etwa 70–75 Prozent der maximalen Herzfrequenz
Ruhiger DL	= Puls etwa 75–80 Prozent der maximalen Herzfrequenz
Lockerer DL	= Puls etwa 80 Prozent der maximalen Herzfrequenz
Zügiger DL	= Puls etwa 80–85 Prozent der maximalen Herzfrequenz
Fahrtspiel	= Wechselndes Tempo über verschieden lange Teilstücke. Der Läufer bestimmt Tempo und Länge der Belastungen selbst.
Renntempo	= Tempo, das Sie bei einem Wettkampf unter Normalbedingungen laufen können
Steigerungen	= Lauf über eine Strecke von 80 bis 100 Meter, bei dem das Tempo kontinuierlich vom Trab bis zum Sprint gesteigert wird
TL	= Tempoläufe (immer mit 10 min Ein- und Auslaufen vor- und nachbereiten!)

Blutige Anfänger

Das 8-Wochen-Einsteigerprogramm für jedermann.

Sie sind Laufanfänger (evtl. übergewichtig) und können nur eine Minute am Stück laufen?
Mit diesem Trainingsplan schaffen Sie es, in acht Wochen die 5-Kilometer-Distanz wechselnd gehend/laufend problemlos zu bewältigen.

1. Woche

Mo 3 min G, 1 min L, 3 min G,
   1 min L, 3 min G, 1 min L,
   3 min G, 1 min L, 3 min G, 1 min L

Mi 3 min G, 1 min L, 3 min G,
   1 min L, 3 min G, 1 min L,
   3 min G, 1 min L, 3 min G,
   1 min L

Sa 3 min G, 1 min L, 3 min G,
   1 min L, 3 min G, 1 min L,
   3 min G, 1 min L, 3 min G, 1 min L

2. Woche

Mo 4 min G, 2 min L, 4 min G,
   2 min L, 4 min G, 2 min L,
   4 min G, 2 min L

Mi 4 min G, 2 min L, 4 min G,
   2 min L, 4 min G, 2 min L,
   4 min G, 2 min L

Sa 4 min G, 2 min L, 4 min G,
   2 min L, 4 min G, 2 min L,
   4 min G, 2 min L

3. Woche

Mo 4 min G, 3 min L, 4 min G,
   3 min L, 4 min G, 3 min L,
   4 min G, 3 min L

Mi 4 min G, 3 min L, 4 min G,
   3 min L, 4 min G, 3 min L,
   4 min G, 3 min L

Sa 4 min G, 3 min L, 4 min G,
   3 min L, 4 min G, 3 min L,
   4 min G, 3 min L

4. Woche

Mo 3 min G, 3 min L, 3 min G,
   3 min L, 3 min G, 3 min L,
   3 min G, 3 min L, 3 min G, 3 min L

Mi 3 min G, 3 min L, 3 min G,
   3 min L, 3 min G, 3 min L, 3 min
   G, 3 min L, 3 min G, 3 min L

Sa 3 min G, 3 min L, 3 min G,
   3 min L, 3 min G, 3 min L,
   3 min G, 3 min L, 3 min G, 3 min L

5. Woche

Mo 3 min G, 4 min L, 3 min G,
4 min L, 3 min G, 4 min L,
3 min G, 4 min L, 3 min G,
4 min L

Mi 3 min G, 4 min L, 3 min G,
4 min L, 3 min G, 4 min L,
3 min G, 4 min L, 3 min G,
4 min L

Sa 3 min G, 4 min L, 3 min G,
4 min L, 3 min G, 4 min L,
3 min G, 4 min L, 3 min G,
4 min L

6. Woche

Mo 3 min G, 5 min L, 3 min G,
5 min L, 3 min G, 5 min L,
3 min G, 5 min L, 3 min G,
5 min L

Mi 3 min G, 5 min L, 3 min G,
5 min L, 3 min G, 5 min L,
3 min G, 5 min L, 3 min G,
5 min L

Sa 3 min G, 5 min L, 3 min G,
5 min L, 3 min G, 5 min L,
3 min G, 5 min L, 3 min G,
5 min L

7. Woche

Mo 2 min G, 6 min L, 2 min G,
6 min L, 2 min G, 6 min L,
2 min G, 6 min L, 2 min G,
6 min L, 2 min G, 6 min L

Mi 2 min G, 6 min L, 2 min G,
6 min L, 2 min G, 6 min L,
2 min G, 6 min L, 2 min G,
6 min L, 2 min G, 6 min L

Sa 2 min G, 6 min L, 2 min G,
6 min L, 2 min G, 6 min L,
2 min G, 6 min L, 2 min G,
6 min L, 2 min G, 6 min L

8. Woche

Di 2 min G, 6 min L, 2 min G,
6 min L, 2 min G, 6 min L,
2 min G, 6 min L

Sa/So
5 km (evtl im Rahmen eines
Wettkampfs)
mit abwechselnd sechs Minuten
Laufen und zwei Minuten schnellem Gehen.

Einsteiger

Das 8-Wochen-Trainingsprogramm für fitte Laufanfänger ohne sportlichen Background.

Gehen, wandern, walken können Sie bereits stundenlang, aber laufen? Mit dem Einsteigerprogramm werden Sie innerhalb von acht Wochen fünf Kilometer (oder 30 Minuten) am Stück zurücklegen können. Ohne Pausen, ohne zu (ver)schnaufen.
Der Zeitaufwand? Mindestens 25, höchstens 35 Minuten, dreimal pro Woche.

1. Woche
Mo 6 x 2 min Laufen – 1:30 min Gehen
Mi 4 x 3 min Laufen – 1:30 min Gehen
Sa 6 x 2 min Laufen – 1:30 min Gehen

2. Woche
Mo 6 x 3 min Laufen – 1:30 min Gehen
Mi 4 x 5 min Laufen – 2 min Gehen
Sa 6 x 3 min Laufen – 1:30 min Gehen

3. Woche
Mo 6 x 4 min Laufen – 1:30 min Gehen
Mi 4 x 6 min Laufen – 1:30 min Gehen
Sa 6 x 4 min Laufen – 1:30 min Gehen

4. Woche
Mo 4 x 6 min Laufen – 1:30 min Gehen
Mi 3 x 8 min Laufen – 1:30 min Gehen
Sa 4 x 6 min Laufen – 1:30 min Gehen

5. Woche
Mo 4 x 8 min Laufen – 1:30 min Gehen
Mi 2 x 10 min Laufen – 1:30 min Gehen
Sa 4 x 8 min Laufen – 1:30 min Gehen

6. Woche
Mo 3 x 10 min Laufen – 1:30 min Gehen
Mi 2 x 12 min Laufen – 1:30 min Gehen
Sa 3 x 10 min Laufen – 1:30 min Gehen

7. Woche
Mo 3 x 10 min Laufen – 1 min Gehen
Mi 4 x 8 min Laufen – 1 min Gehen
Sa 3 x 10 min Laufen – 1 min Gehen

8. Woche
Mo 2 x 15 min Laufen – 1 min Gehen
Mi 4 x 8 min Laufen – 1 min Gehen
Sa 5 km Laufen ohne Gehpausen (evtl. im Rahmen eines Wettkampfs)

Sportliche Einsteiger

Der 8-Wochen-Plan für sportliche Einsteiger.

Sie sind sportlich, normalgewichtig, haben aber keinerlei Lauferfahrung?
So schaffen Sie, in acht Wochen fünf Kilometer durchzulaufen – ohne Pausen
und ohne außer Puste zu kommen.

1. Woche

Mo 5 min L, 3 min G, 5 min L,
3 min G, 5 min L, 3 min G,
5 min L, 3 min G

Mi 5 min L, 3 min G, 5 min L,
3 min G, 5 min L, 3 min G,
5 min L, 3 min G

Sa 5 min L, 3 min G, 5 min L,
3 min G, 5 min L, 3 min G,
5 min L, 3 min G

2. Woche

Mo 7 min L, 3 min G, 7 min L,
3 min G, 7 min L, 3 min G

Mi 7 min L, 3 min G, 7 min L,
3 min G, 7 min L, 3 min G

Sa 7 min L, 3 min G, 7 min L,
3 min G, 7 min L, 3 min G

3. Woche

Mo 8 min L, 2 min G, 8 min L,
2 min G, 8 min L, 2 min G

Mi 8 min L, 2 min G, 8 min L,
2 min G, 8 min L, 2 min G

Sa 8 min L, 2 min G, 8 min L,
2 min G, 8 min L, 2 min G

4. Woche

Mo 9 min L, 2 min G, 9 min L,
2 min G, 9 min L, 2 min G

Mi 9 min L, 2 min G, 9 min L,
2 min G, 9 min L, 2 min G

Sa 9 min L, 2 min G, 9 min L,
2 min G, 9 min L, 2 min G

5. Woche

Mo 9 min L, 1 min G, 9 min L,
1 min G, 9 min L, 1 min G

Mi 9 min L, 1 min G, 9 min L,
1 min G, 9 min L, 1 min G

Sa 9 min L, 1 min G, 9 min L,
1 min G, 9 min L, 1 min G

6. Woche

Mo 12 min L, 2 min G, 12 min L,
2 min G

Mi 12 min L, 2 min G, 12 min L,
2 min G

Sa 12 min L, 2 min G, 12 min L,
2 min G

7. Woche

Mo 15 min L, 2 min G, 15 min L

Mi 15 min L, 2 min G, 15 min L

Sa 15 min L, 2 min G, 15 min L

8. Woche

Di 15 min L

Sa/So
5 km Laufen

Der erste Wettkampf: 5 km

Freizeitläufer
2 x Laufen pro Woche

Woche 1
Di 30 min ruhiger DL
Sa 50 min langsamer DL

Woche 2
Mi 10 min langsamer DL, 20 min FS
(wechselndes Tempo nach Gefühl), 10 min langsamer DL
Sa 50 min langsamer DL

Woche 3
Mi 5 min langsamer DL, anschl.
10 x 1 min schnell (Pause zw.
Belastungen: 2 min Traben),
5 min langsamer DL
Sa 50–60 min langsamer DL

Woche 4
Mi 50 min langsamer DL
So 25 min sehr zügiger DL mit
5 – 10 min Ein- und Auslaufen

Woche 5
Mi 40 min ruhiger DL
So 10 min langsamer DL, 25 min FS
(wechselndes Tempo nach Gefühl), 10 min langsamer DL

Woche 6

Mi 40 min ruhiger DL

Sa 5 min langsamer DL, 5 x 2 min schnell (Pause zw. Belastungen: 2 min Traben), 5 min langsamer DL

Woche 7

Mi 10 min langsamer DL, 25 min FS (wechselndes Tempo nach Gefühl), 10 min langsamer DL

Sa 60 min langsamer DL

Woche 8

Di 10 min langsamer DL, 3 x 3 min schnell (Pause zw. Belastungen: 2 min Traben), 5 min langsamer DL

Do 15 min langsamer DL

Sa/So 5-km-Wettkampf, (mit 10 min Einlaufen, 10 min Auslaufen)

Freizeitläufer
3 x Laufen pro Woche

Woche 1

Mi 30 min ruhiger DL

Sa 50 min langsamer DL

So 35 min ruhiger DL

Woche 2

Mi 5 x 3 min schnell (Pause zw. Belastungen: 2 min Traben) mit jeweils 10 min Ein- und Auslaufen

Sa 50 min langsamer DL

So 35 min ruhiger DL

Woche 3

Mi 10 x 1 min schnell (Pause zw. Belastungen: 90 sek Traben) mit Ein- und Auslaufen

Sa 50–60 min langsamer DL

So 40 min ruhiger DL, anschl. 5 Steigerungen

Woche 4

Mi 35 min ruhiger DL, anschl. 5 Steigerungen

Fr 50 min langsamer DL

So 25 min sehr zügiger DL mit jeweils 10 min Ein- und Auslaufen

Woche 5

Mi 40 min ruhiger DL
Fr 40 min ruhiger DL
So 6 x 3 min schnell (Pause zw.
Belastungen: 2 min Traben) mit
jeweils 10 min Ein- und Aus-
laufen

Woche 6

Di 40 min ruhiger DL
Fr 10 x 1 min schnell (Pause zw.
Belastungen: 90 sek Traben), mit
jeweils 10 min Ein- und Auslaufen
So 60 min langsamer DL, anschl.
5 Steigerungen

Woche 7

Mi 4 x 4 min schnell (Pause zw. Belastungen: 2 min Traben) mit jeweils
10 min Ein- und Auslaufen
Sa 60 min langsamer DL
So 35 min ruhiger DL, anschl.
5 Steigerungen

Woche 8

Di 3 x 3 min schnell (Pause zw. Belastungen: 2 min Traben) mit jeweils
10 min Ein- und Auslaufen
Do 20 min langsamer DL,
3 Steigerungen
Sa/So
5-km-Wettkampf mit jeweils
10 min Ein- und Auslaufen

Engagierte Läufer
3–4 x Laufen pro Woche

Woche 1

Di 50 min ruhiger DL
Do 8 x 90 sek schnell (Pause zw. Belastungen: 1 min Traben) mit jeweils
10 min Ein- und Auslaufen
So 60 min langsamer DL

Woche 2

Di 8 x 3 min schnell (Pause zw. Belastungen: 2 min Traben) mit jeweils
10 min Ein- und Auslaufen
Do 40 min ruhiger DL
So 60 min langsamer DL

Woche 3

Mo 40 min ruhiger DL

Di 8 x 400 m schnell (Pause zw. Belastungen: 90 sek Traben) mit jeweils 10 min Ein- und Auslaufen

Do 40 min ruhiger DL

Sa 60 min ruhiger DL

Woche 4

Di 40 min ruhiger DL

Mi 6 x 3 min schnell (Pause zw. Belastungen: 2 min Traben) mit jeweils 10 min Ein- und Auslaufen

Fr 40 min ruhiger DL

So 60 min langsamer DL, anschl. 3 Steigerungen

Woche 5

Di 40 min ruhiger DL

Do 8 x 500 m schnell (Pause zw. Belastungen: 90 sek Traben) mit jeweils 10 min Ein- und Auslaufen

Sa 45 min ruhiger DL

So 60 min langsamer DL

Woche 6

Di 4 x 1000 m schnell (Pause zw. Belastungen: 2 min Traben) mit jeweils 10 min Ein- und Auslaufen

Do 35 min ruhiger DL

Sa 10 min langsamer DL, 30 min FS (wechselndes Tempo nach Gefühl), 10 min langsamer DL

So 50 min langsamer DL

Woche 7

Di 40 min langsamer DL

Do 10 x 200 m sehr schnell (Pause zw. Belastungen: 1 min Gehen) mit jeweils 10 min Ein- und Auslaufen

Sa 50 min ruhiger DL

Woche 8

Di 5 x 3 min schnell (Pause zw. Belastungen: 2 min Traben) mit 10 min Ein- und 5 min Auslaufen

Do 20 min ruhiger DL

Sa 10 min langsamer DL, anschl. 5 Steigerungen

So 5-km-Wettkampf

Engagierter Läufer
4 x Laufen pro Woche

Woche 1
Di 40 min ruhiger DL

Do 7 x 400 m schnell (Pause zw. Belastungen: 90 sek Traben) mit jeweils 10 min Ein- und Auslaufen

Sa 40 min ruhiger DL

So 60 min langsamer DL

Woche 2
Di 8 x 3 min schnell (Pause zw. Belastungen: 2 min Traben) mit jeweils 10 min Ein- und Auslaufen

Do 40 min ruhiger DL

Sa 10 min langsamer DL, 30 min FS (wechselndes Tempo nach Gefühl), 10 min langsamer DL

So 60 min langsamer DL

Woche 3
Mo 40 min ruhiger DL

Di 10 x 400 m schnell (Pause zw. Belastungen: 90 sek Traben) mit jeweils 10 min Ein- und Auslaufen

Do 40 min ruhiger DL

Sa 30 min sehr zügiger DL mit jeweils 10 min Ein- und Auslaufen

Woche 4
Mo 40 min ruhiger DL

Mi 5 x 4 min schnell (Pause zw. Belastungen: 2 min Traben) mit jeweils 10 min Ein- und Auslaufen

Fr 40 min ruhiger DL

So 60 min langsamer DL, anschl. 5 Steigerungen

Woche 5
Di 40 min ruhiger DL

Mi 10 x 500 m schnell (Pause zw. Belastungen: 90 sek Traben) mit jeweils 10 min Ein- und Auslaufen

Fr 45 min ruhiger DL

So 60 min langsamer DL

Woche 6
Di 5 x 1000 m schnell (Pause zw. Belastungen: 2 min Traben) mit jeweils 10 min Ein- und Auslaufen

Do 35 min ruhiger DL

Sa 2 x 10 min sehr zügiger DL (Pause dazwischen: 5 min) mit jeweils 10 min Ein- und Auslaufen

So 50 min langsamer DL

Woche 7

Di 10 x 200 m sehr schnell (Pause zw. Belastungen: 1 min Gehen) mit jeweils 10 min Ein- und Auslaufen

Mi 40 min langsamer DL

Fr 10 min langsamer DL, 40 min Fahrtspiel, 10 min langsamer DL

So 30 min ruhiger DL

Woche 8

Di 3 x 4 min schnell (Pause zw. Belastungen: 2 min Traben) mit jeweils 10 min Ein- und Auslaufen

Do 20 min ruhiger DL

Sa 10 min langsamer DL, anschl. 3 – 5 Steigerungen

So 5-km-Wettkampf (mit jeweils 10 min Ein- und Auslaufen)

Ein Wettkampf auf Zeit: 10 km

10-km-Zeitziel: erstmals unter 60 min

Woche 1

Di 10 min langsamer DL, 20 min FS (wechselndes Tempo nach Gefühl), 10 min langsamer DL

Fr 50 min langsamer DL

So 40 min ruhiger DL

Woche 2

Mi 10 min langsamer DL, 20 min zügiger DL, 10 min langsamer DL

Fr 60 min langsamer DL

So 40 min ruhiger DL, 3 Steigerungen

Woche 3

Di 10 min langsamer DL, 25 min FS (wechselndes Tempo nach Gefühl), 10 min langsamer DL

Fr 60 min langsamer DL

So 40 min ruhiger DL

Woche 4

Di 10 min langsamer DL, 25 min Fahrtspiel, 10 min langsamer DL

Fr 60 min langsamer DL

So 45 min ruhiger DL

Woche 5

Mi　50 min ruhiger DL, 3 Steigerungen

Sa　70 min langsamer DL

So　30 min ruhiger DL

Woche 6

Di　10 min langsamer DL, 25 min FS (wechselndes Tempo nach Gefühl), 10 min langsamer DL

Fr　60 min langsamer DL

So　40 min ruhiger DL

Woche 7

Mi　10 min langsamer DL, 30 min FS (wechselndes Tempo nach Gefühl), 10 min langsamer DL

Sa　60 min langsamer DL

So　30 min ruhiger DL, anschließend 3 Steigerungen

Woche 8

Mi　30 min ruhiger DL, anschl. 3 Steigerungen

Fr　40 min langsamer DL

So　5- oder 10-km-Wettkampf oder 10-km-Testlauf

Woche 9

Mi　40 min ruhiger DL

Fr　40 min ruhiger DL

So　10 min langsamer DL, 25 min FS (wechselndes Tempo nach Gefühl), 10 min langsamer DL

Woche 10

Di　40 min ruhiger DL

Fr　10 min langsamer DL, 25 min FS (wechselndes Tempo nach Gefühl), 10 min langsamer DL

So　60 min langsamer DL, anschließend 3 Steigerungen

Woche 11

Mi　10 min langsamer DL, 20 min FS (wechselndes Tempo nach Gefühl), 10 min langsamer DL

Sa　50 min langsamer DL

Woche 12

Di　10 min langsamer DL, 3 x 5 min schnell, 5 min langsamer DL

Fr　15 min langsamer DL, 3 Steigerungen

So　10-km-Wettkampf

10-km-Zeitziel: erstmals unter 50 min

Woche 1

Mi 7 x 5 min schnell (Pause zwischen den Belastungen: 3 min Traben) mit jeweils 10 min Ein- und Auslaufen

Fr 80 min langsamer DL

So 50 min ruhiger DL

Woche 2

Mo 40 min ruhiger DL

Mi 4 x 10 min schnell (Pause zwischen den Belastungen: 5 min Traben) mit jeweils 10 min Ein- und Auslaufen

Fr 50 min ruhiger DL

So 80 min langsamer DL

Woche 3

Mi 8 min–6 min–4 min–2 min schnell (Pause zwischen den Belastungen: 4 min – 3 min – 2 min Traben) mit jeweils 10 min Ein- und Auslaufen

Sa 70 min langsamer DL

So 50 min ruhiger DL

Woche 4

Mo 40 min lockerer DL

Mi 7 x 5 min schnell (Pause zwischen den Belastungen: 3 min Traben) mit jeweils 10 min Ein- und Auslaufen

Fr 50 min ruhiger DL

So 80 min langsamer DL

Woche 5

Mi 40 min ruhiger DL

Sa 70 min langsamer DL

So 50 min ruhiger DL

Woche 6

Mi 8 min – 6 min – 4 min – 2 min schnell (Pause zwischen den Belastungen: 4 min – 3 min – 2 min Traben), mit jeweils 10 min Ein- und Auslaufen

Sa 80 min langsamer DL

So 35 min ruhiger DL

Woche 7

Mo 40 min lockerer DL

Mi 10 x 90 sek schnell (Pause zwischen den Belastungen: 90 sek Traben) mit jeweils 10 min Ein- und Auslaufen

Fr 70 min langsamer DL

So 40 min ruhiger DL, anschließend 5 Steigerungen

Woche 8

Mi 50 min ruhiger DL
Fr 35 min langsamer DL, anschl.
5 Steigerungen
So 5- oder 10-km-Wettkampf oder
10-km-Testlauf

Woche 9

Mi 50 min ruhiger DL
Fr 50 min ruhiger DL
So 7 x 5 min schnell (Pause zwischen
den Belastungen: 3 min Traben)
mit jeweils 10 min Ein- und
Auslaufen

Woche 10

Di ruhiger DL
Do 40 min ruhiger DL
Fr 10 x 90 sek (Pause zwischen den
Belastungen: 2:00 min Traben),
mit jeweils 10 min Ein- und
Auslaufen
So 80 min langsamer DL, anschlie-
ßend 5 Steigerungen

Woche 11

Mi 8 x 4 min schnell (Pause zwischen
den Belastungen: 2:00 min Tra-
ben), mit jeweils 10 min Ein- und
Auslaufen
Sa 40 min langsamer DL
So 40 min ruhiger DL, anschließend
5 Steigerungen

Woche 12

Di 3 x 5 min schnell (Pause zwischen
den Belastungen: 2:00 min Tra-
ben) mit jeweils 10 min Ein- und
Auslaufen
Do 20 min langsamer DL
So 10-km-Wettkampf

Ein Wettkampf auf Zeit: Halbmarathon

Zeitziel: Unter 2 Stunden

1. Woche

Mo 35 min lockerer DL

Mi 45 min mit Tempowechseln nach Gefühl (Fahrtspiel)

Do 35 min lockerer DL

Sa 40 min lockerer DL, anschl. 5 Steigerungen

So 60 min langsamer DL

2. Woche

Mo 40 min lockerer DL

Mi 45 min mit Tempowechseln nach Gefühl (Fahrtspiel)

Do 40 min lockerer DL

Sa 10 min langsamer DL, dann 20 min schnell (ca. 20 sek/km langsamer als angestrebtes Halbmarathon-Tempo), anschl. 10 min langsamer DL

So 60 min langsamer DL

3. Woche

Mo 35 min lockerer DL

Mi 10 min langsamer DL, dann 5 x 3 min schnell (zwischen Belastungen jeweils 2 min Trabpause), anschl. 10 min langsamer DL

Do 40 min lockerer DL

Sa 10 min langsamer DL, dann 20 min schnell (ca. 20 sek/km langsamer als angestrebtes Halbmarathon-Tempo), anschl. 10 min langsamer DL

So 65 min langsamer DL

4. Woche

Mo 40 min lockerer DL

Mi 10 min langsamer DL, dann 4 x 6 min schnell (zwischen Belastungen jeweils 4 min Trabpause), anschl. 10 min langsamer DL

Do 35 min lockerer DL

Sa 10 min langsamer DL, dann 30 min schnell (ca. 20 sek/km langsamer als angestrebtes Halbmarathon-Tempo), anschl. 10 min langsamer DL

So 70 min langsamer DL

5. Woche

Mo 40 min lockerer DL

Mi 10 min langsamer DL, dann 4 x 4 min schnell (zwischen Belastungen jeweils 3 min Trabpause), anschl. 10 min langsamer DL

Do 30 min langsamer DL

Sa 30 min lockerer DL, anschl.
5 Steigerungen

So 10-km-Rennen oder Testlauf über
dieselbe Distanz

6. Woche

Mo 30 min langsamer DL

Mi 10 min langsamer DL, dann
2 x 10 min schnell (zwischen
Belastungen jeweils 5 min Trabpause), anschl. 10 min langsamer
DL

Do 40 min lockerer DL

Sa 10 min langsamer DL, dann
30 min schnell (ca. 20 sek/km
langsamer als angestrebtes Halbmarathon-Tempo), anschl.
10 min langsamer DL

So 70 min langsamer DL

7. Woche

Mo 40 min lockerer DL

Mi 10 min langsamer DL, dann
15 x 1 min schnell (zwischen
Belastungen jeweils 1 min Trabpause), anschl. 10 min langsamer
DL

Do 30 min langsamer DL

Sa 30 min lockerer DL, anschl.
5 Steigerungen

So 10-km-Wettkampf oder Testlauf
über dieselbe Distanz

8. Woche

Mo 35 min lockerer DL

Mi 35 min lockerer DL

Do 10 min langsamer DL, dann
4 x 5 min schnell (zwischen
Belastungen jeweils 3 min Trabpause), anschl. 10 min langsamer DL

Sa 35 min lockerer DL

So 80 min langsamer DL

9. Woche

Mo 35 min lockerer DL

Mi 10 min langsamer DL, dann 2 x 10
min schnell (zwischen Belastungen jeweils 5 min Trabpause),
anschl. 10 min langsamer DL

Do 35 min lockerer DL

Sa 10 min langsamer DL, dann 25
min schnell (ca. 20 sek/km langsamer als angestrebtes Halbmarathon-Tempo), anschl. 10 min
langsamer DL

So 60 min langsamer DL

10. Woche

Di 20 min lockerer DL

Mi 10 min langsamer DL, dann 4 x 3
min schnell (zwischen Belastungen jeweils 2 min Trabpause),
anschl. 10 min langsamer DL

Do 30 min lockerer DL

Sa 20 min langsamer DL

So TAG X

Die Königsdisziplin: Marathon

Ankommen mit Gehpausen

1. Woche

Mo 30 min lockerer DL mit 2 Gehpausen (à 1 min) nach 10 u. 20 min

Mi 35 min lockerer DL mit 3 Gehpausen (à 1 min) nach 9, 18 u. 27 min

Sa 30 min ruhiger DL mit 2 Gehpausen (à 1 min) nach 10 u. 20 min

So 60 min langsamer DL inkl. Gehpausen (à 1 min) alle 5 min

2. Woche

Di 30 min ruhiger DL mit 2 Gehpausen (à 1 min) nach 10 u. 20 min

Do 35 min lockerer DL mit 3 Gehpausen (à 1 min) nach 9, 18 u. 27 min

Sa 30 min ruhiger DL mit 2 Gehpausen (à 1 min) nach 10 u. 20 min

So 75 min langsamer DL, inkl. Gehpausen (à 1 min) alle 5 min

3. Woche

Di 30 min lockerer DL mit 2 Gehpausen (à 1 min) nach 10 u. 20 min

Do 35 min lockerer DL mit 3 Gehpausen (à 1 min) nach 9, 18 u. 27 min

Sa 30 min ruhiger DL mit 2 Gehpausen (à 1 min) nach 10 u. 20 min

So 90 min langsamer DL inkl. Gehpausen (à 1 min) alle 5 min

4. Woche

Di 30 min ruhiger DL mit 2 Gehpausen (à 1 min) nach 10 u. 20 min

Do 30 min lockerer DL mit 2 Gehpausen (à 1 min) nach 10 u. 20 min

Sa 30 min lockerer DL mit 2 Gehpausen (à 1 min) nach 10 u. 20 min

So 10-km-Wettkampf mit 5 – 10 min Ein- und Auslaufen. Beim Wettkampf nach jedem erreichten Laufkilometer 30 Sekunden gehen.

5. Woche

Di 30 min langsamer DL mit 2 Gehpausen (à 1 min) nach 10 u. 20 min

Do 35 min lockerer DL mit 3 Gehpausen (à 1 min) nach 9, 18 u. 27 min

Sa 30 min ruhiger DL mit 2 Gehpausen (à 1 min) nach 10 u. 20 min

So 105 min langsamer DL inkl. Gehpausen (à 1 min) alle 5 Minuten

6. Woche

Di 30 min lockerer DL mit 2 Gehpausen (à 1 min) nach 10 u. 20 min

Do 35 min lockerer DL mit 3 Gehpausen (à 1 min) nach 9, 18 u. 27 min

Sa 25 min ruhiger DL mit 2 Gehpausen (à 1 min) nach 10 u. 20 min

So 120 min langsamer DL inkl. Gehpause (à 1 min) alle 5 min

7. Woche

Di 30 min ruhiger DL mit 2 Gehpausen (à 1 min) nach 10 u. 20 min

Do 20 min langsamer DL mit 1 Gehpause (à 1 min) nach 10 min

Sa 20 min langsamer DL mit 1 Gehpause (à 1 min) nach 10 min

So Halbmarathon-Wettkampf. Beim Wettkampf alle 5 Laufminuten 1 Minute gehen.

8. Woche

Di 25 min laDL mit 2 Gehpausen (à 1 min) nach 10 u. 20 min

Do 35 min lockerer DL mit 3 Gehpausen (à 1 min) nach 9, 18 u. 27 min

Sa 25 min ruhiger DL mit 2 Gehpausen (à 1 min) nach 10 u. 20 min

So 135 min langsamer DL inkl. Gehpause (à 1 min) alle 5 min

9. Woche

Di 30 min ruhiger DL mit 2 Gehpausen (à 1 min) nach 10 u. 20 min

Do 35 min lockerer DL mit 3 Gehpausen (à 1 min) nach 9, 18 u. 27 min

Sa 25 min ruhiger DL mit 2 Gehpausen (à 1 min) nach 10 u. 20 min

So 150 min langsamer DL inkl. Gehpausen (à 1 min) alle 5 min

10. Woche

Di 30 min lockerer DL mit 2 Gehpausen (à 1 min) nach 10 u. 20 min

Do 30 min ruhiger DL mit 2 Gehpausen (à 1 min) nach 10 u. 20 min

Sa 20 min ruhiger DL mit 1 Gehpause (à 1 min) nach 10 min

So 180 min langsamer DL inkl. Gehpausen (à 1 min) alle 5 min

11. Woche

Di 30 min ruhiger DL mit 2 Gehpausen (à 1 min) nach 10 u. 20 min

Mi 30 min ruhiger DL mit 2 Gehpausen (à 1 min) nach 10 u. 20 min

Fr 60 min langsamer DL inkl. Gehpausen (à 1 min) alle 5 min

So 35 min lockerer DL mit 3 Gehpausen (à 1 min) nach 9, 18 u. 27 min

12. Woche

Mi 30 min lockerer DL mit 2 Gehpausen (à 1 min) nach 10 u. 20 min

Fr 15 min langsamer DL mit 1 Gehpause (à 1 min) nach 10 min

Sa 10 min langsamer DL, anschließend 3 Steigerungen

So Marathon mit Gehpausen (Rhythmus: 5 min Laufen, 1 min Gehen)

Ankommen ohne Gehpausen

1. Woche

Mo 30 min lockerer DL

Mi 35 min lockerer DL

Sa 30 min ruhiger DL

So 60 min langsamer DL inkl.
3 – 4 min Gehpause nach 30 min

2. Woche

Di 30 min ruhiger DL

Do 35 min lockerer DL

Sa 30 min ruhiger DL

So 75 min langsamer DL inkl.
3 – 4 min Gehpause nach 30 und
55 min

3. Woche

Di 30 min lockerer DL

Do 35 min Fahrtspiel (wechselndes
Tempo nach Gefühl)

Sa 20 – 30 min ruhiger DL

So 90 min langsamer DL inkl. 3 min
Gehpause nach 30 und 60 min

4. Woche

Di 30 min ruhiger DL

Do 30 min lockerer DL mit 8 x 30 sek
schnell (zwischen den schnellen
Belastungen 1 min Trabpause)

Sa 20–30 min lockerer DL

So 10-km-Wettkampf mit 5 – 10 min
Ein- und Auslaufen

5. Woche

Di 30 min langsamer DL

Mi 20 – 30 min ruhiger DL

Do 35 min Fahrtspiel (wechselndes
Tempo nach Gefühl)

Sa 25 – 35 min ruhiger DL

So 105 min langsamer DL inkl.
3 min Gehpause nach 30, 60,
90 min

6. Woche

Di 30 min lockerer DL

Mi 20 – 30 min ruhiger DL

Do 35 min Fahrtspiel (wechselndes
Tempo nach Gefühl)

Sa 25 min ruhiger DL

So 120 min langsamer DL inkl. 3 min
Gehpause nach 30, 60, 90 min

7. Woche

Di 30 min ruhiger DL

Do 20 min langsamer DL, anschließend 5 Steigerungen

Sa 15 – 20 min langsamer DL, anschließend 3 Steigerungen

So Halbmarathon-Wettkampf (alle
5 km Trinken bei 1 – 2 min Gehpause)

8. Woche

Di 25 min langsamer DL

Mi 25 min ruhiger DL

Do 35 min Fahrtspiel (wechselndes Tempo nach Gefühl)

Sa 20–25 min ruhiger DL

So 135 min langsamer DL inkl. 3 min Gehpause alle 30 min

9. Woche

Di 30 min ruhiger DL

Do 35 min Fahrtspiel (wechselndes Tempo nach Gefühl)

Sa 25 min ruhiger DL

So 150 min langsamer DL inkl. 3 min Gehpause alle 30 min

10. Woche

Di 30 min ruhiger DL

Mi 35 min Fahrtspiel (wechselndes Tempo nach Gefühl)

Do 30 min ruhiger DL

Sa 20 min ruhiger DL

So 180 min langsamer DL inkl. 3 min Gehpause alle 30 min

11. Woche

Di 30 min ruhiger DL

Mi 30 min ruhiger DL, anschließend 8 x 30 sek schnell (zwischen den schnellen Belastungen 1 min Trabpause)

Do 30 min ruhiger DL

Sa 10 min langsamer DL, anschließend 3 Steigerungen

So Simulieren Sie Tag X und laufen Sie 40 min im angestrebten Wettkampftempo.

12. Woche

Mi 30 min lockerer DL

Fr 15 min langsamer DL

Sa 10 min langsamer DL, anschließend 3 Steigerungen

So Tag X

Marathon in 4 Stunden

1. Woche

Mo 12 km lockerer DL
Mi 12 km Fahrtspiel, wechselndes Tempo nach Gefühl
Fr 12 km lockerer DL
So 22–25 km langsamer DL

2. Woche

Di 10 km lockerer DL
Mi 12 km Fahrtspiel (wechselndes Tempo nach Gefühl)
Fr 8 km lockerer DL
So 10-km-Wettkampf mit jeweils 2 km Ein- und Auslaufen

3. Woche

Di 12 km langsamer DL
Do 8 km lockerer DL, dann 5 Sprints über 100 m
Fr 12 km Fahrtspiel (wechselndes Tempo nach Gefühl)
So 25 km langsamer DL

4. Woche

Di 12 km lockerer DL
Do 2 km Einlaufen, 8 km im geplanten Marathon-Renntempo, 2 km Auslaufen
Fr 10 km lockerer DL
So 25–28 km langsamer DL

5. Woche

Di 12 km lockerer DL
Do 10 x 3 min schneller DL (Trabpause: 1 min) mit jeweils 2 km Ein- und Auslaufen
Fr 10 km lockerer DL
So 28 km langsamer DL

6. Woche

Di 8 km lockerer DL
Mi 2 km Einlaufen, 10 km im geplanten Marathon-Renntempo, 2 km Auslaufen
Fr 10 km lockerer DL
So 30 km langsamer DL

7. Woche

Di 8 km lockerer DL
Mi 4 x 4 min schneller DL (Trabpause: 2 min) mit jeweils 2 km Ein- und Auslaufen
Fr 6 km langsamer DL, anschließend 5 Steigerungen
So Halbmarathon-Wettkampf

8. Woche

Di 8 km lockerer DL
Mi 8 km lockerer DL
Fr 12 km Fahrtspiel (wechselndes Tempo nach Gefühl)
So 32 km langsamer DL

9. Woche

Di 12 km lockerer DL

Do 2 km Einlaufen, 5 x 5 min schneller DL (Trabpause: 4 min), 2 km Auslaufen

Fr 8 km lockerer DL

So 32 km langsamer DL

10. Woche

Di 2 km Einlaufen, Pyramide: 3 min, 6 min, 9 min, 6 min, 3 min schneller DL (Trabpause 3 min, 5 min, 7 min, 5 min), 2 km Auslaufen

Do 20 km langsamer DL

Sa 8 km lockerer DL, anschließend 3 Steigerungen

So 10-km-Wettkampf, mit Ein- und Auslaufen

11. Woche

Di 6 km langsamer DL

Mi 10 km Fahrtspiel (wechselndes Tempo nach Gefühl)

Fr 22 km langsamer DL

So 6 km langsamer DL

12. Woche

Di 2 km Einlaufen, 4 km im Marathon-Renntempo, 2 km Auslaufen

Do 6 km langsamer DL, anschließend 5 Steigerungen

Sa 4 km langsamer DL, anschließend 3 Steigerungen

So MARATHON

Im folgenden Kapitel zeigen wir Ihnen, wie Sie die am häufigsten auftretenden Beschwerden beim Laufen beheben und vermeiden können.

Seitenstechen

Symptome

Stechender Schmerz direkt unterhalb des Brustkorbs, bisweilen auch etwas höher spürbar.

Ursachen

Seitenstechen wird hervorgerufen durch krampfartiges Zusammenziehen des Zwerchfells, Gaseinschlüsse im Darm oder vollen Magen.

Was tun?

Bei Seitenstechen auf der rechten Seite (die häufigste Form) das Tempo für etwa 30 Sekunden reduzieren und jedes Mal, wenn der linke Fuß aufsetzt, kräftig ausatmen, bis das Stechen nachlässt. Bei Stichen auf der linken Seite entsprechend auf dem rechten Fuß ausatmen. Bringt diese Methode keinen Erfolg, versuchen Sie es mit langsamer, tiefer Bauchatmung, wobei sich der Unterleib mit jedem Atemzug deutlich nach innen beziehungsweise außen bewegen muss. Zur Unterstützung können Sie beim Laufen die Hände über dem Kopf falten und die Ellenbogen nach hinten drücken, während Sie weiterhin tief in den Bauch atmen.

Eine weitere Möglichkeit ist, die Faust kräftig auf den schmerzenden Bereich unter dem Brustkorb zu pressen und diesen Druck noch mit der anderen Hand zu unterstützen, während Sie den Oberkörper im Winkel von annähernd 90° nach vorne beugen. Versuchen Sie, in dieser Haltung etwa zehn Schritte zu laufen. Das bewirkt eine Dehnung des Zwerchfells, dessen Verkrampfung häufig Ursache für Seitenstechen ist. Bringt keine der genannten Techniken Erfolg, hilft nur Stehenbleiben oder langsames Gehen, bis die Schmerzen verschwinden.

Vorbeugung

Durch vollen Magen bedingtes Seitenstechen lässt sich nur durch ausreichenden zeitlichen Abstand (3 – 4 Stunden) zwischen der letzten größeren Mahlzeit und dem Laufbeginn vermeiden.

Muskelkater

Symptome

Schmerzen in den Beinen bei Belastung.

Ursache

Muskelkater entsteht durch exzentrische Muskelkontraktionen. Das funktioniert so: Muskeln werden gedehnt, obwohl sie gerade dabei sind, sich zusammenzuziehen. Die vordere Oberschenkelmuskulatur schmerzt beispielsweise, weil dieser Muskel bei jedem Schritt zunächst gedehnt wird (in der Landephase), sich aber nahezu gleichzeitig zusammenziehen will, um das Bein für den nächsten Schritt anzuheben.

Dies wirkt sich natürlich vor allem beim Bergablaufen aus (auch, wenn Sie beim Wandern eine steile Bergabstrecke bewältigen), aber prinzipiell jedes Mal, wenn Sie eine Bewegung nach unten durchführen, also Bewegungen, bei denen der Muskel Bremsarbeit verrichtet. Muskelkater ist nichts anderes als ein Zustand mikroskopisch kleiner Muskelverletzungen.

Was tun?

Ein wirksames Mittel, den Muskelkater loszuwerden bzw. gar nicht in erhöhtem Maße auftreten zu lassen, ist beispielsweise ein Saunabesuch direkt nach dem Training (auch ein warmes Vollbad tut gute Dienste) oder ein betont lockeres, langsames Laufen über 15 – 20 Minuten am Tag danach.

Vorbeugung

• Achten Sie darauf, direkt nach dem Laufen kohlenhydratreich zu essen und den Flüssigkeitsausgleich wieder herzustellen.

- Vergessen Sie nicht, sich vor und nach dem Laufen zu dehnen.

- Laufen Sie sich ein paar Minuten locker aus.

Fußblasen

Blasen entstehen durch Reibung zwischen Socke bzw. Schuh und Haut. Dabei produziert der Körper Flüssigkeit zwischen der äußersten und der darunter liegenden Hautschicht. Bei Blutblasen wurden zusätzlich kleine Blutgefäße beschädigt.

Ursachen

Gründe für die Entstehung von Blasen gibt es viele: neue bzw. schlecht sitzende Schuhe, neue bzw. frische Socken, Wasser im Schuh, zu schnelles Lauftempo, Bergabstrecken, lange Strecken (z. B. ein Marathon) oder orthopädische Besonderheiten am Fuß, z. B. eine Hammerzehe.

Was tun?

Unterschätzen Sie Blasen nicht. Vor allem gilt es, Infektionen zu verhindern. Sie öffnen die Blase mit einer Nadel, die Sie zuvor desinfiziert haben. Aber bitte nicht über einer Flamme, raten Ärzte, denn so können Carbon-Partikel in die Wunde gelangen. Desinfizieren Sie die Nadel stattdessen mit Alkohol. Ist die Blase angestochen, drücken Sie die Flüssigkeit langsam und vorsichtig aus der Blase. Vorher Hände waschen bzw. ein Stück Mullbinde oder Ähnliches benutzen! Anschließend kommt ein Pflaster über die Stelle. Eine kleine Blase lassen Sie am besten «intakt», dasselbe gilt für kleine Blutblasen. Hat sich eine Blase unter dem Zehennagel gebildet, gehört sie in die Obhut eines Arztes. Der hat z. B. die Möglichkeit, ein kleines Loch durch den Zehennagel zu bohren und die Blase trockenzulegen. Oft reicht es aus, vor dem nächsten Lauf die Blase mit einem Pflaster zu schützen, vor allem, wenn es sich nicht um eine exponierte Stelle handelt; laufen Sie in jedem Fall mit einem Schuh, der an dieser Problemstelle bequem sitzt. Falls dies nicht möglich ist, laufen Sie so lange nicht, bis die Stelle verheilt ist, sonst wird aus der Blase eine Wunde, deren Heilung weit länger dauert als ein paar Tage.

Vorbeugung

Patentrezepte gegen Blasen gibt es nicht, da es sich um ein sehr individuelles Phänomen handelt. Hier trotzdem einige Tipps:

- Wer schon nach 20 bis 30 Minuten spürt, dass eine Reibungsstelle entsteht, bricht am besten den Lauf ab. Je länger Sie nämlich weiterlaufen, desto problematischer und auch schmerzhafter wird sich die Blase entwickeln.
- Bekannte Problemstellen (auch kleinere Blasen, die schon da sind) präventiv großflächig mit fest sitzendem Bandpflaster (z. B. Leukotape) abdecken. Normales Pflaster verrutscht bei den enormen Kräften, die bei jedem Schritt auf den Fuß einwirken.
- Spezielle Lauf-Funktionssocken sorgen mit ihrer Gewebemischung dafür, dass Feuchtigkeit von der Haut wegtransportiert wird. Benutzen Sie keine Baumwollsocken, denn darin wird die Feuchtigkeit gespeichert. Von Vorteil sind Laufsocken mit speziell eingearbeitetem Fersensitz und einer Zehenbox; manche haben sogar kleine gummierte Stellen an der Sohlenpartie, die ein Verrutschen im Schuh verhindern sollen.
- Cremen Sie die Füße vor dem Lauf dünn ein, z. B. mit Fußsalbe oder Vaseline.
- Tragen Sie zwei Paar Socken übereinander. Dadurch entsteht höchstens Reibung zwischen den beiden Socken. Allerdings sollten die Schuhe nicht zu eng werden und weiterhin bequem passen.

Knieschmerzen (Chondromalazie)

Symptome

Schmerzen rund um das Knie bzw. unterhalb der Kniescheibe. In besonders akuten Fällen ist beim Beugen des Knies ein schmerzhaftes Aneinanderreiben von Knorpeln spürbar.

Ursachen

Ursache ist meist zu intensives oder zu schnell gesteigertes Training. Die Chondromalazie kann auch durch muskuläre Dysbalancen bedingt sein, wenn zum Beispiel die vordere Oberschenkelmuskulatur deutlich stärker als die hintere ausgebildet ist, Muskelgruppen verspannt oder – wie bei Laufanfängern häufig der Fall – noch zu schwach sind.

Was tun?

Drücken Sie mit einem Finger auf die weichen Stellen um die Kniescheibe herum, um den Schmerzpunkt zu lokalisieren, und behandeln Sie ihn mit Eis. Nur wenn Sie einen Schmerzpunkt finden, hat die Eisbehandlung Sinn. Nehmen Sie entzündungshemmende Mittel. Bildet sich am Knie eine Schwellung, behandeln Sie diese mit Eis, und besuchen Sie einen Sportorthopäden. Die Schwellung deutet auf ein ernsthaftes Problem hin, dessen Ausheilung im Kniebereich Monate in Anspruch nehmen kann.

Vorbeugung

- Eine wichtige Vorbeugemaßnahme sind Kräftigungsübungen und regelmäßiges Dehnen der genannten Muskelgruppen.
- Wenn Sie trotz der Verletzung laufen können, meiden Sie konsequent Bergabstrecken.
- Tragen Sie nur Schuhe mit hoher Dämpfung und guten Führungseigenschaften.
- Möglicherweise hilft eine Gummibandage um das Knie, die über der Kniescheibe kreisrund ausgeschnitten ist.

Achillessehnenprobleme

Die Achillessehne verbindet die beiden großen Wadenmuskeln Gastrocnemius und Soleus mit dem Fersenbein. Die Schmerzen an der Sehne sind entzündungsbedingt, und die Entzündung ist belastungsbedingt.

Symptome

Diffuser oder hin und wieder stechender Schmerz an verschiedenen Stellen der Achillessehne, meist jedoch in Fersennähe. Eingeschränkte Beweglichkeit des Sprunggelenks. Rötung oder Erhitzung im entzündeten Bereich. Tastbare Knotenbildung durch vernarbtes Gewebe, das bei Dehnung gegen die Sehne reibt und dabei oft ein knarrendes Geräusch abgibt, deutliche Verdickung der Sehne.

Ursache

Aufgrund Verkürzung, Verspannung oder Ermüdung kann die Wadenmuskulatur die Stoßabsorption beim Laufen nicht ausreichend gewährleisten, sodass sich die Belastung der Achillessehne erhöht. Unzureichendes Aufwärmen (Vordehnen der Waden nicht vergessen!), ein zu schnelles Aufstocken des Trainingsumfangs bzw. der Laufintensität können dafür verantwortlich sein. Auch Tempo- und besonders Bergaufläufe belasten die Achillessehne stärker als andere Trainingsformen. Zu steife Schuhe, die eine Verdrehung der Sehne erzwingen, Schuhe mit ungünstig platzierter Fersenkappe und Überpronation sind weitere mögliche Ursa-

chen, aber auch zu weiche Schuhe können solche Probleme auslösen. Die Folge der falschen Belastung sind Mikrotraumen (kleinste Verletzungen) und Vernarbungen, die schlimmstenfalls zum Riss oder gar Abriss der Sehne führen können.

Was tun?

Die Achillessehne mehrfach täglich 15 bis 20 Minuten mit Eis behandeln, vor allem nach dem Laufen. Gegebenenfalls ist Selbstmassage mit einer

Wärme erzeugenden Salbe hilfreich. Physiotherapeuten empfehlen, bis zu dreimal täglich einige Minuten lang halbkreisförmig in verschiedene Richtungen von der knotigen Verdickung hinweg zu massieren. Nach Beseitigung des Knotens kann mit dem Dehnen der Wadenmuskulatur begonnen werden. Laufen sollte man allerdings erst, wenn ein schmerzfreies Anziehen der Zehen möglich ist. Leichte Sprungübungen müssen absolut problemlos möglich sein, bevor das regelmäßige Lauftraining wieder aufgenommen wird. In der Regel braucht eine Achillessehnenreizung sechs bis acht Wochen. Stellt sich nach zwei Wochen Selbstbehandlung keine Besserung ein, sollte ein Orthopäde oder Physiotherapeut aufgesucht werden. Eine Operation, bei der Narbengewebe von der Achillessehne abgeschabt wird, bliebe als allerletzter Ausweg, auch wenn dabei die Erfolgsquote eingeschränkt ist, da vielfach eine Narbenneubildung stimuliert wird.

Vorbeugung

Am besten eignet sich eine einfache Übung, bei der man mit durchgedrückten Knien auf einer Stufe, Bank oder Ähnlichem steht und das Körpergewicht auf den Fußballen gehalten wird.

- Die über die Kante hinausstehenden Fersen werden etwa zehn Sekunden lang gesenkt. Die Intensität der Übung lässt sich erhöhen, indem abwechselnd nur jeweils eine Ferse gesenkt wird.
- Zur Kräftigung der Wadenmuskulatur ist das Heben der Fersen in den Zehenspitzenstand geeignet.
- Durch Schuhe mit guter Fußführung oder spezielle Einlagen sollte übermäßiges Pronieren verhindert werden.
- Beginnen Sie jedes Training sehr langsam, und verzichten Sie bei Problemen mit der Achillessehne ganz auf Läufe durch hügeliges oder gar bergiges Gelände.

Schienbeinschmerzen

Symptome
Schmerzen an der Schienbeininnen-
kante.

Ursachen
Hier handelt es sich um eine Sehnen-
entzündung, auf Englisch Shin-
Splint-Syndrom genannt, die durch
Überlastung am Periosteum (Kno-
chenhaut) des Schienbeins bzw. den
dort ansetzenden Muskeln hervorgerufen wird. Das Problem wird durch
Überpronation (übermäßiges Einknicken des Fußes nach innen) oder sehr
harten Laufuntergrund (zum Beispiel
Betonwege) noch verstärkt.

Was tun?
Als Hausrezept gelten Eisbehandlung
und entzündungshemmende Medi-
kamente. Wenn Sie trotz Verletzung
laufen können, meiden Sie Anstiege
und unebenes Gelände. Oftmals sind
die Schmerzen nur am Anfang sehr
stark und lassen mit zunehmender
Muskellockerung nach. Laufen auf
einer Kunststoffbahn ist empfehlenswert, da hier normalerweise keine
Verdrehungen des Schienbeins auftreten. Weicher Untergrund und ver-
kürzte Schrittlänge entlasten die
Schienbein-Muskulatur. Nach dem
Laufen sofort mit Eis nachbehandeln.
Im Tagesverlauf des Öfteren die Wadenmuskeln sorgfältig dehnen. Lassen
Sie sich von einem Orthopäden beraten, ob eventuell maßangefertigte
Einlagen das Problem endgültig
beseitigen können.

Vorbeugung
Vorbeugend sind Kräftigungsübun-
gen der vorderen / seitlichen Schien-
beinmuskulatur zu empfehlen. Dazu
in Sitzhaltung mit frei pendelndem
Bein ein leichtes Gewicht mit den
Zehen nach oben ziehen; mehrere
Wiederholungen pro Fuß.

ANHANG

Die Autoren

Martin Grüning,
geboren 1962, ist seit 1994 Redakteur beim Laufmagazin RUNNER'S WORLD. Von Mitte der achtziger bis Mitte der neunziger Jahre zählte er zu den erfolgreichsten Marathonläufern Deutschlands. Seine Bestzeit von 2:13:30 Stunden erzielte er 1990 in Houston, Texas. Als Mitglied der Nationalmannschaft nahm er dreimal am Marathon-Weltcup teil. Heute läuft er zwischen ein- und viermal pro Woche und ist als «Pacer» bei Marathonläufen unterwegs.

Thomas Steffens,
geboren 1953, ist Chefredakteur von RUNNER'S WORLD, seit das Laufmagazin 1993 mit seiner deutschen Ausgabe startete. Er ist seit 1978 journalistisch tätig, unter anderem arbeitete er von 1988 bis 1993 als Redakteur bei der Schweizer Fachzeitschrift «Der Läufer». Thomas Steffens läuft regelmäßig seit 1975 und blickt auf viele Jahre Wettkampferfahrung zurück. Steffens ist Koautor des ersten deutschen Triathlon-Buches («Triathlon – Krone der Ausdauer», 1983).

Von beiden Autoren ist außerdem bei rororo erschienen: «Das Laufbuch. Training, Technik, Ausrüstung» (1999, rororo 19465), «Marathon – Die besten Programme» (2001, rororo 61010), «Lauftrainer 5 bis 10 Kilometer» (2002, rororo 61018).

Bildnachweis

Seiten 2/3, 10, 13, 17,
19 (Illustrationen), 30, 40, 45, 47, 54,
60, 68, 71, 74, 76, 77, 79, 135
Runner's World

Seite 15, 106
Image Source AG

Seiten 9, 20, 26, 58, 72
Rowohlt/P. Beier

Seiten 38, 52, 64, 66,
Polar Photo Bank

Seiten 62, 83, 93, 129, 138
Photodisc®

Übungsfotos Kraft und Stretching
Runner's World/Michael Reusse

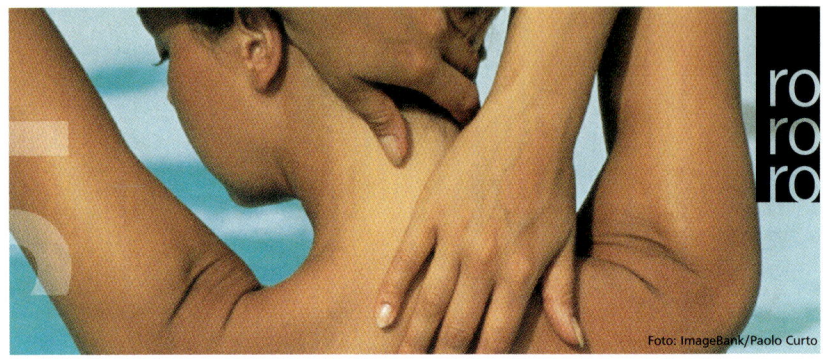

rororo Ratgeber Sport

Kompetente Ratschläge, Tipps und Antworten – und weg ist der Speck

Laufen und Walking
Das sanfte Programm für
Frauen ab 40
Kathrine Switzer
3-499-19488-0

Trainingsbuch Fatburner
Der leichte Weg
zum richtigen Gewicht
Sabine Heilig/Christina Gottschall
3-499-19498-8

Der Fatburner
Das Programm mit Garantie. Fett
verbrennen – dauerhaft abnehmen
Ole Petersen/Sonia Goretzki
3-499-61014-0

Die Knieschule
Selbsthilfe bei Kniebeschwerden
Prof. Dr. Joachim Grifka
3-499-61025-6

Das neue Dehnen
Fakten, Legenden, Praxis
Jürgen Freiwald/Karin Albrecht
3-499-19456-2

Rückentraining
mit dem Thera-Band®
Fit und gesund mit Kleingeräten
Hans-Dieter Kempf
3-499-61001-9

So einfach ist Fitness
Mein persönlicher Ausdauertrainer
Ole Petersen

3-499-61024-8

Foto: IFA-Bilderteam – International Stock

rororo Ratgeber Sport

Kompetente Ratschläge, Tipps und Antworten von Walking bis Marathon

Laufen
Handbuch für Sport und Fitness
Herbert Jost
3-499-18655-1

Ausdauertrainer Laufen
Training mit System
Kuno Hottenrott/Martin Zülch
3-499-19454-6

**Marathon –
Das 4-Stunden-Programm**
Vom Anfang bis zum Finish
Ole Petersen
3-499-19486-4

Happy Running. Lauflust
Die 7 Weisheiten des Laufens
Ulfilas Meyer

Laufen und Walking
*Das sanfte Programm für
Frauen ab 40*
Kathrine Switzer
3-499-19488-0

Besser laufen
Das 30-Tage-Programm
Jack Heggie
3-499-18664-0

3-499-61021-3